妖怪談
現代実話異録

加藤　一
編著

竹書房
怪談
文庫

※本書に登場する人物名は、様々な事情を考慮してすべて仮名にしてあります。また、作中に登場する体験者の記憶と体験当時の世相を鑑み、極力当時の様相を再現するよう心がけています。現代においては若干耳慣れない言葉・表記が登場する場合がありますが、これらは差別・侮蔑を意図する考えに基づくものではありません。

巻頭言　妖

加藤一

妖《あやかし》の定義は非常に曖昧だ。

ここに広義の幽霊を含める向きもいれば、幽霊には分類できないタイプの怪異全般を押し込む人もいる。それでも、この文字を見て怪談やその周辺に耽溺《たんでき》する人々なら、真っ先に思い浮かべるのは〈妖怪〉ではないだろうか。

これは、明確な定義があっての話ではないのだが、妖怪と神様、精霊と妖怪はその境界そのものが非常に曖昧であるように思う。時に害為す悪意あるものであったり、時に超越した存在であったり、或いは人よりも獣に近いものと評されたり、そのくせ人の姿を象《かたど》ったりもする。いずれにせよ〈人の領域にすり寄ってくる割には人の定義を越えていて、人の尺度で測れないもの〉とすれば据わりが良くなる気がする。しかし、その据わりの良さが妖の本質なのだ、と断言するのもまた違うような気もする。

妖というものの危うさを、どう捉えるべきなのか。それを、我々著者陣もまた、こうと決めかねている。故に、これは読者諸氏に委ねることとする。

我々は妖についての怪異譚を取り揃えた。そこに何かを見出す役は、諸兄姉に任せよう。

目次

高度一万メートルの邂逅《かいこう》

四十代前半の川島という知人は、外資系の商社で営業の職に就いている。コロナ禍が訪れる前は、年間を通して、外国と日本の間を数えきれないほど行き来していた。

その日は、アメリカ出張の最終日。出張中にお世話になった人たちに挨拶をしたり、お土産を買うことに大忙しだった。そのため、飛行機のチェックインに大幅に遅れたのだ。どうにか予定時刻に間に合ったが、最後の搭乗者になってしまい、乗り込んだときには、他の乗客達からの視線が全身に刺さるような感覚に苛《さいな》まれた。

飛行機の中はほどよく照らされ、乗客達が雑誌を読んだり、映画を観たりしていた。席は満席で、一目見ればアジア人の乗客は少なく、欧米人の顔が多く目立った。

彼は、辺りに「Ｓｏｒｒｙ」と軽く声を掛けつつ、二列‐五列‐二列配置の座席で中央通路側の自席に腰を下ろした。

だが、彼はまだ落ち着くことができなかった。トイレに行くことを後回しにしていたためだ。離陸直前に行ける訳もなく、我慢することにした。

そのとき、コクピットからアナウンスが流れてきた。

「御搭乗ありがとうございます。先行する機体から連絡があり、本飛行経路に乱気流が多発しています。何度も大きく揺れますので、シートベルトを必ず御着用ください」

容易にシートベルトを外せなくなってしまった川島は、更に余裕がなくなった。

それから飛行機が飛び立つと、機長の言う通り、幾度も乱気流に巻き込まれ、機体は激しく上下に揺れ始めた。

それからどのくらい時間が経ったか。ポーンと、丸みを帯びた音が鳴り響いた。

その音は、飛行機内でよく聞こえるアナウンス前の注意喚起音で、多くの乗客がそれを聞いて直感的に何かの知らせがあることを理解するのだ。

漸《よう》くシートベルト着用サインのランプが消えた。

これで用を足せると、彼はシートベルトを外して機体の中ほどにあるトイレへ急いだ。

そこでやっと彼は平静を取り戻した。気持ちに余裕ができたのだ。

トイレから出て、自分の席に戻ろうとして、ふと周りを見渡した。

すると、自分と同じ並び、逆の通路側の席に見たこともないような高級スーツをビシッと着た人物が、背筋もまっすぐに座っている。

「……天狗？」

彼は小さな声で呟いた。

そこに鎮座していたのは、紛れもない、昔話に登場する天狗だった。

いかつく太い眉、ぎょろりとした眼、への字にきつく閉じられた口、そしてあの鼻。肌も真っ赤で、背中まである長い髪の毛。違和感があるとすれば、ウォール街のビジネスマンが着ているような、超高級の背広とセンスの良いネクタイを身に着けていることくらいだ。

「うわ……」

川島は叫ぼうとしたが、躊躇《ためら》った。

アメリカから日本までの国際線である。アメリカには、多種多様な人種がいるし、自分の知らない奇病だって存在するはずだ。今、ここで騒ぎ立てるのは差別に繋がってしまう懸念がある。そもそも、ここまで誰もそのことに声を荒らげる者はいなかったのだ。

そこまでの考えに至った彼は、黙って自席に腰を下ろそうとした。

その瞬間、不意に機体が大きく揺れた。また乱気流に巻き込まれたのだ。

川島は、体勢を保とうとして、座席にしがみついた。

そのとき、天狗が目に入った。

綺麗な姿勢のまま、スッと胸ポケットに赤鬼を連想させる右手を差し入れると、何かを取り出した。

（何だ？　一体何をやってるんだ？）

彼は、その行動に目が離せず、固唾《かたず》を呑んで見守った。

『天狗の団扇《うちわ》』と聞けば、普通は大人の掌よりも大きいヤツデを想像するだろう。しかし、彼がサッと取り出したのは、赤ちゃんの掌くらいの紅葉大の団扇だった。

天狗は自分を扇《あお》ぐ訳でもなく、垂直にそれを持ち、ぱたぱたと空間を扇いだ。

瞬間、あれほど出鱈目《でたらめ》に揺れていた機体が安定を取り戻した。

（これはまさか……）

——神通力。

彼は、やはり大妖怪天狗だ。神通力でこの乱気流を収めたのだと確信した。

それから、十時間以上、何度も乱気流に突入したが、その都度、天狗が小さい団扇を胸のポケットから取り出して振ると、揺れは収まるのだった。

川島は、彼とお近付きになりたいと思った。何せ神通力の持ち主である。営業職の彼にとって、その神通力は取引先との交渉や新しいビジネスチャンスを掴むための強力な武器になるだろうと考えた。

飛行機が成田に着陸したところで、乗客達が降りるとき、声を掛けようとした。

意外にも、降機の条件は同じはずなのに、天狗のいる列のほうが早く進んでいく。

あっという間に距離を離された川島は焦った。

ボーディング・ブリッジで追いかけ、漸く近寄れたときには入国審査が迫っていた。

「日本のパスポートをお持ちの方は右へお並びください、それ以外の方は左へ……」

空港の職員が立ち、案内をしている。

前を歩く天狗が右に進んだとき、彼は心底嬉しくなった。

（やっぱり天狗って日本原産なんだ！）

その後もバゲージクレームで天狗に声を掛ける絶好のタイミングを待っていたが、先に天狗の荷物が出てきてしまい、機会を逸してしまった。川島は、後から出てきた自分の荷物を乱暴に引き上げると、天狗の後を追った。

税関に差し掛かったときだ。会話こそ聞き取れないのだが、何やら税関の職員と天狗が揉めている。

（……えっ？）

呆気に取られていると、天狗はその税関職員に別室へ連れていかれてしまった。

もう駄目だと天を仰いだ。税関を過ぎ、出口近辺で長々と待つが出てくる気配はない。

「あの、すみません。先程到着した便に乗っていた者です。同僚が税関に連れていかれて戻ってこなくて、困っています。どうなっているのか確認してもらえますか？」

彼は嘘を吐くことにした。

立っていた近くの警備員に、様子を見てほしいとお願いをしたのだ。

だが、暫《しばら》くして帰ってきたその警備員は怪訝な顔で彼に問うた。

「あの、その便で別室に移動した方なんていないそうですよ？　何かお間違えでは？」

彼は一瞬、言葉を失った。焦った目で周りを見渡し、何度も口を開けては閉じる。

「えっと、あの、いや、その……うーん、確かにその便に乗っていて、えーと、あぁ、そうだ、あいつの携帯に電話して、確認してみます！」

彼は言葉を探るようにしながら、何とか言い訳をし、その場からそそくさと立ち去ったそうだ。

「実は僕だけが正体に気付いていることを悟って、神通力を使い、職員を操って逃げたんじゃないかって思うんですよね」

悔しそうに語る彼は、コロナ禍が明けて再び同じような状況に遭遇したら、絶対友達になってみせると意気込んでいた。

都心妖怪

都内に住んでいる叔母から聞いた話。

彼女は若い頃に、東京駅にもほど近い大手町にオフィスのある会社で働いていたという。

ある日、早朝に出勤する必要があり、地下鉄の駅からオフィスに向けて足早に歩いていた。周囲にはまだ殆《ほとん》ど人の姿はない。

普段よりも早起きしているので、まだ少し頭がぼんやりしている。

――コーヒーでも飲みたいなぁ。でも、カフェも開いていないしなぁ。

オフィスに行けば、ドリンクコーナーでスティック状のインスタントコーヒーを飲むことはできるが、あれはドリップしたコーヒーとは別物だ。

そんなことを考えながら歩いていくと、突然道端の茂みから何者かが立ち上がった。

驚いて視線を向けると、灰色のものが目に入った。

彼女はその色合いから、清掃担当の作業員かと思ったという。だが、そちらに改めて視線を送って驚いた。

半魚人だった。

作り物にしてはリアルが過ぎた。鱗の肌理《きめ》も細かく、各所がひくひくと動いている。

半魚人は無言のまま、あらぬ方向を見ている。

その目は魚のそれだった。

——何これ。

叔母は半魚人に背を向け、逃げるようにその場を立ち去った。


「河童と違うの？」

「河童じゃないね。ちょっとだけ磯の香りがしたんだよ」

彼女は大手町には半魚人が出るのだと、真顔で繰り返した。

見知らぬ川と見知らぬ祖母、そして緑

館山雄一郎さんは都内の雑居ビルの一室で「水難の相がある」と言われた。

それまで一切信じていなかった占星術の類いに頼ったのには、理由がある。

小さな頃の朧気《おぼろげ》な記憶。

景色の中には森があり、蜻蛉《とんぼ》や蝉《せみ》、小さな甲虫が飛び交い、小さな男子――自分は祖母と手を繋いでいる。

何を目的に山中を歩んでいるのかは分からないが、祖母に手を引かれるままに両足が地面を踏んでいく。

陽光が木々から洩《も》れ、キャップに収まった小さな頭が汗で蒸れ、痒い。

さぁぁ。

しゃあああ。

川が近付くにつれ、段々音が大きくなっていった。

仕舞いには、轟轟。

激流を目の前にすると、祖母は殊更に強く手を握ってきた。

「さあ、手を合わせな」

祖母がそう言い、二人は川を拝んだ。

「でも、この記憶は辻褄が合わないんですよ。父方の祖母も母方の祖母も、私が生まれたときにはもうとっくに鬼籍に入ってましたし、そもそも私はそんな田舎の生まれじゃないんです。都内から出て暫く滞在した記憶といえば、学生時の修学旅行か、妻と子供達を連れての家族旅行くらい。親戚の元に訪ねて得た記憶なのかもと自問しても、ピンとくることがなくて……。ならばこの記憶、思い出は全て想像の産物なのだと納得しようとしても、それを嫌がる自分がいる。それくらい、リアリティがある景色なんです。何故私がその老婆を〈祖母〉と認識したがるのかも分からない」

幼稚園児の頃から五十二歳となる現在に至るまで、館山さんはずっと水が怖い。

プールや海に入るのはおろか、水道水から注いだコップ一杯の水にすら仄《ほの》かな恐怖を覚えてしまう。自分が水に囲まれて生活していることを思うと脂汗が滲み、動悸《どうき》が速まってしまうため、極力そのようなことは考えないようにしている。

色が付いた液体には怯えを感じないので、ジュースばかり飲む。

その生き辛さにはもう慣れているが、他人と違った感覚で世界を見ている孤独感は未だ消えていない。

「高田さんね。緑色のスーツ着てるときあるでしょう?」

「ええ。怪談イベントで衣装として着ています。華がないものですから、ちょっとでも目立とうと思いまして……」

「私ね。上下緑色の服を着た人にこれまで何人も会ってるんですよ。何というか……縁があるというか。それは良い縁であったり、悪い縁であったりするんですが……」

十一歳の秋、父と一緒に新宿へ買い物に出かけた。

父は文具と洋服が目当てで、雄一郎さんはゲームソフトを買ってもらうつもりだった。親と手を繋ぐ年頃でもなかったので、気ままに父と肩を並べたり背中を追ったりして同行した。

が、ふと道路を隔てた向こうにあるブティックの大きな看板に目を奪われているうちに、父の姿が見えなくなった。歩道上にはさほど人はいなかったが、いかんせん、当時の雄一郎さんはまだ背が小さい。幾ら前方に目を凝らしても父の背中を見つけることはできず、恐らくは振り返って息子を探している父も、息子を視界に入れることはできない。

雄一郎さんは、その場に立っていればいずれ父が戻ってくるだろうと判断し、辺りを見回しつつも動かないようにした。

いざとなれば道ゆく大人の誰かに助けを求めればよかろう。

別段強く人見知りをしてしまう性格でもない。

「迷子？」

背後から声を掛けられ、振り返ると上下緑色の服を着た中年男性がこちらを見ていた。

身長は雄一郎さんよりも少し大きい程度で、言うなれば全体的に小さな緑のおじさんの登場だ。

「お父さん、一緒に探そうか？」

それは親しみを感じる口調だった。

「はい」

か細い声で返答すると、おじさんは雄一郎さんの手を取り、ぐいと引っ張った。

ふと、またあの定かではない田舎の記憶が脳裏を過った。

汗かきなのか、おじさんの手には満遍ないぬめりがあり、それは強く握るとすっぽ抜けそうな程だった。

おじさんは躊躇《ちゅうちょ》なく角を二、三度曲がり、急に「ほら」と雄一郎さんに先を見るように促す。すると確かに、数メートル先に父の姿があった。

近付くと父もまた息子に駆け寄った。

「雄一郎！　探したよ！」

「パパ、ごめん」

「いや、いいんだ。パパがぼうっとしてたんだ。悪かった……。よし、玩具を買いに行こうな」

「このおじさんに助けて……もらっ……あれ？」

緑のおじさんはいつの間にか姿を消していた。

「ああ。いなくなっちゃった。緑色の服を着たおじさんが……」

「緑色……ああ。そうか。それは良かった」

父はそれ以上詮索することなく、今度はおじさんに代わって雄一郎さんの手を引いた。

デパートの玩具売り場に着くと、雄一郎さんは迷子になったことなどすっかり忘れ、その日は概ね楽しかった一日として今も記憶に残っている。

「あの……雄一郎さんにとって、それは不思議な体験だったのですか？　迷子になったとき、優しい大人に助けてもらった。それは不思議なことでしょうか？」

「ええ。勿論《もちろん》、そのときは不思議に思わなかったんですけど。何と言いますか……」

「手のぬめりですか？」

「それもあるのですが。もう少し、話を聞いてもらえますか？　緑色の服を着た人々の話です」


雄一郎さんは九州の大学に在学していた頃、友人達とキャンプをした際に左目に雑菌が入り、眼科に掛かったことがある。

猛烈な痛痒さと大きな腫れに大いに参っていた雄一郎さんだったが、診察室に入るなり苦しみを忘れるほどの驚きがそこに待っていた。

というのも、医者——五十代か六十代前半に見えるその男性は、深緑色の診察衣、白衣ならぬ〈緑衣〉を着ていたのだ。

確かに歯科医が色つきの診察衣を着ているのは見たことがあるし、海外ドラマなどでは「医療関係者＝白」というイメージでもないようだ。しかし、ここまで濃い緑色の診察医を纏う病院があるとは、想像していなかった。デザインは通常の白衣と変わらず、ただ色だけが違う。何故深緑なのかは分からないが、慣れれば目に優しい落ち着く色に思えてくるかもしれない。「緑色なんですね」と医者に声を掛ける勇気もなく、雄一郎さんはごくごく自然に診察を終え、点眼薬を処方してもらった。

薬の効果は絶大で、初日の午後と夜に一回ずつ点眼しただけで、翌朝には痛みも腫れもなくなっていた。

薬を使い切り、検査のためにまた病院に行くと、このときは何の変哲もない白衣で医者は待っていた。


「しかし、眼の異常でそのような色に見えたか、それとも単純にそのような色の診察衣を着ていた可能性もありますよね」

「そうかもしれません。結局、その眼科医に診察衣の色について何も訊ねてはいませんので。そうですよね」

「いえいえ、疑っている訳ではありません。様々な可能性を考えないとならないのですよ。面白いです。とても興味深い体験です。緑色の服の人が現れる話、他にもあるんですか？」

ある日、スーパーマーケットで買い物をしていると、ドンと背中を押された。

振り返ると、青と緑色のチェックの服を着た子供がニヤニヤと笑いながらこっちを見ていた。

就活期間中、五社の面接を受けたところ、緑色のワイシャツを着た面接官のいる会社に就職が決まり、現在もそこで働いている。

一度、会社の飲み会の帰り道で財布を落とした。

家に戻ってから紛失に気付き、すぐさま近所の交番に駆けつけた。

緑色の制服を着た警官が応対し、翌夜には「落とし物として交番に届けられた」と電話があった。

「えっと……緑色の警官ですか？」

「はい」

日曜の昼、渋谷を歩いていると全身緑ずくめの若い男性四人組に突如睨まれ詰め寄られそうになって、逃げた。

「さっき、高田さん私に眼の異常があったんじゃないかって仰《おっしゃ》いましたよね。実際、異常がある気がするんですよ」

「はぁ」

「緑に見えてるだけなんじゃないかって、自分でも思うんです」

占い師に「水難の相がある」と言われると、否が応でもあの祖母の夢に出てくる川を思い出してしまう。

しかし、川と緑色の人々の関係は占い師にも分からないどころか、緑色の話を懸命に伝えたところ、体よくあしらわれてしまった。


「両親に相談はしましたか？」

「昔、父に一度。あの迷子の日のことも絡めて、いろいろ話してみたんですが……『そうか』とだけ言って目を逸らされてしまったんですよ」

「では、結局夢の意味も緑色の人のことも、何も分からないままなんですね」

「はい……。でも、関係あるような気がして……。あの……」

「はい」

「河童っているんですか？」

「え？」

「いや。いるのかなあ、と思って」

「分からないです」

「そうですか」


不意に雄一郎さんの口から妖怪の名が出てきて私は戸惑った。

今思えば、恐らく雄一郎さんは河童の存在と自身の体験を結びつけることで、納得を得ようとしていたのだろう。

『妖怪をテーマにしたアンソロジーです。お願いします』

依頼の文言を読み、真っ先に思い出したのは以上の談話である。

私は妖怪を見た！

飛来するもの

夏。

宵宮の帰り道。

妻と八歳の息子とともに夜空を見上げながら帰路を歩んでいると、妻が「ＵＦＯ！」と叫んで山のほうを指差した。

そんな訳があるかと顔を向けると、輝く飛行物体が想像よりもずっと近くを飛んでいた。

それはこちらの上空に向けて飛来しており、良い加減に近付くと、家族三人はそれが何かを完全に認識することができた。

それは。

「物凄い勢いで燃え盛る大きな鳥」

であった。

車窓から

慶太さんがバスに乗って、駅に向かう途中でのことだった。

席はガラガラで、バス前方窓側の席に座っていた。

「え～？」

と初老の運転手が呆れたような声を上げたのは、赤信号で停車中でのこと。

何事かとフロントガラスに顔を向けたが、前方に並ぶ車両数台の乗用車に異常はない。

更に目を凝らして先を見ても、特に気になるものは見当たらなかった。

興味を失い、ふと横の窓から外を見やると、歩道に異常に首の長い男が立っていた。

バスの車高があっても、まだ「見上げなければならないほど」の長い首だったというからには、恐らくは三メートル以上はあったのだろう。

目が離せないまま何がどうなっているのかと錯乱する間に信号は青に変わった。

「その男、ケミカルウォッシュのジーパンとヘビメタバンドのロゴがプリントされたTシャツを着ていたんすよ。顔は……あんまり見えなかったです」

犬童子

葉子さんの実家には大きな飼い犬がいる。

彼女自身は就職後に実家を離れているのだが、折に触れ四国に帰省すると、その犬はいつも元気に迎えてくれる。

犬種はセントバーナードで、名前はドロン。

両親ともに相当な愛犬家で、車で遠出をする折にも「必ず」ドロンも連れていくというのだから、なるほど愛が強い。

旅行をするにもペット可の宿泊施設を「必ず」利用するようにしているそうだから、これは二人にとって夫婦旅行というよりも家族旅行といった趣なのだろう。

そしてある年。

温泉宿を楽しんで帰宅してから、こんなことが起きるようになった。

「おい。また、あの男の子見たよ」

「あら。やっぱりドロンと一緒にいたの？」

実家は年配者の二人暮らしには随分と部屋数が多く、二人は大体居間かダイニングキッチンか寝室ばかりを主に利用していた。

とはいえ、ドロンが自由にうろうろできるようにと、使っていない部屋のドアは常に開放していて、ドロンを探すときには各部屋に目を向けることがある。

「ドロン。ドロン」

と呼びかけつつ、目下都内で仕事中の葉子さんの部屋を覗くと、男の子がドロンを撫でている後ろ姿があった。

坊主頭の男の子の服装は「どてらともんぺ」であるから一目見てソレっぽく、大体からして「ソレっぽい」とでも思った瞬間にはスッと姿が消えている。

夫婦ともその後ろ姿を確認している。

ならば、年金暮らしの二人の中でその話題性は強い。

「さっき、のそのそ歩くドロンを追いかけてた」

「ドロンとただ見つめ合っていたわよ」

「一人で廊下を歩いていた。ドロンを探していたのかもしれない」

「ドロンも時々、あの子を探しているような気がするな」

その子はいつも後ろ姿のみしか見せず、顔は未だ分からない。

結局、この話は「見た」に終始する訳だが、夫婦で一緒に目にした衝撃的な光景を一つ記して、筆を置こうと思う。

夫婦の朝は早い。

五時にもなると、新聞を手に夫が食卓に座りお茶をすする。

妻は庭いじりに精を出す。

家族が動きだすとドロンも起きるが、結局は気ままに歩いたり、横になったりする。

初夏のことだった。

庭から戻った妻が、居間に入るなり「えええ」と声を上げ、慌てて夫も妻の横に並んだ。

居間の窓から見える庭。

ゆっくり歩くドロンの後ろ姿。

しがみつくような姿勢でドロンに乗る童子。

「か、可愛い！」

思わずそう叫んでしまったのは夫のほうだったという。

葉子さんは「写真に残してほしかった」と言い、私は「撮れてたら心霊写真っすねえ」と返した。

川釣り

　久世さんの祖父、一巳さんは釣りが趣味だった。

　休日には幼馴染みの寛二さんとともに、朝から地元の山へ繰り出しては川魚を釣り、それを肴《さかな》に一杯やって夕方に帰宅するのが常だった。

　あまりに頻繁に山へ行くので二人とも妻には呆れられており、特に寛二さんにはその年に生まれたばかりの子供がいたので、一巳さんは寛二さんの妻に随分と嫌われていたらしい。

　その日も、一巳さんと寛二さんはいつもの山へ登り、上流で釣りを始めると面白いように釣れた。二人は集めた枝に火を点け、魚を串刺しにして塩を振り、石で固定して焼き始めた。慣れたものである。

　焼けるのを待つ間、寛二さんが用を足してくると言って茂みの中へ入った。一巳さんが火の面倒を見ていると、暫くして寛二さんが戻ってきた。

「遅かったな。もう食えるぞ」

　一巳さんがそう言うや否や、寛二さんは手近な串を取り、がぶりと魚を頭から食べ始めた。

「うまい、うまい」

そう言って、骨ごとバリバリと噛み砕いている。

「おいおい慌てるなよ」

面食らった一巳さんが川の水で冷やしておいた酒をコップに注いで差し出すと、寛二さんは引ったくるようにそれを掴み、喉を鳴らして飲み干した。

「はああ、うまい〜」

寛二さんは心底幸せそうな顔で大袈裟に感嘆した。

その途端、寛二さんの顔の下半分がにゅっと前に伸びた。目は吊り上がって細まり、ぶわっと体毛が波打った。

狐だ。

一巳さんは悲鳴を上げて座っていた岩から転げ落ちた。寛二さんだったそれはすっかり狐になり、大きく跳ねて森の中へ消えた。

一巳さんが腰を抜かして茫然としていると、背後の藪《やぶ》から音がした。びくりとして振り返ると、草を掻き分けて寛二さんが出てきた。

「どうしたんだ、でっけえ声出して」

とぼけた様子の寛二さんに、一巳さんは「お前は本当に寛二か」「今まで何処に行っていた」と問い詰めた。気圧されつつも寛二さんは「用を足した後、何故か迷って全然戻れなかった」「悲鳴が聞こえて、そっちに行ったら戻れた」と説明した。

いつの間にやら魚と酒は消えていたし、怖くなって二人は山を下りた。

二人がそれぞれ帰宅した翌日、寛二さんは消えた。

夜のうちに赤子とともにいなくなったらしい。翌朝、近所に住む親族が訪ねて残された妻を見つけたのだった。

寛二さんの妻は、まるで獣に喰われたような姿で死んでいたという。

馬鹿囃子《ばやし》

遠藤さんのお祖父さんが若い頃というから、昭和初期の話である。

その日、お祖父さんは昼過ぎから友人とビールを聞こし召し、良い塩梅《あんばい》にできあがっていた。

友人と別れ、酔い覚ましに川のほとりをぶらついていたお祖父さんは、何処からか風に乗ってお囃子の音がするのを聞いたそうだ。

近くでお祭りがあったかな？

とそう思う反面、ひょっとして狸の仕業じゃないか？　とも考えた。

当時はもうあまり聞かれなくなっていたが、お祖父さんのそのまたお祖父さんの時代には、狸がお囃子を真似て人を誑《たぶら》かすということがよくあったと聞いていた。

しかし酔って気持ちがおおらかになっていたお祖父さんは、
狸のお囃子でも、それはそれで風流だ。

そんなことを思いながら、千鳥足でお囃子のほうに近付いていく。

すると『ピーヒャラカンカンドンドコドン』という賑やかな音は、お祖父さんの前になり後ろになり、いつの間にか自分がお囃子の真ん中を闊歩《かっぽ》しているような、実に楽しい心持ちになってきたという。

そうして気付いたときには、お祖父さんはお囃子の調子に合わせて手を振り足を踏み、殆ど踊るようにして歩を進めていたのだが、そのうちに何だか目の前に霞が掛かったようなふわふわした感覚に陥り、意識を失った。


「おおい。あんた、大丈夫かね?」

不意にそう声を掛けられて我に返ると、お祖父さんは見たこともない空き地のような場所に佇立《ちょりつ》していた。

すぐ隣にはこれも見覚えのない腹巻き姿のおっさんが腕組みして、呆れたような表情を浮かべている。

訳も分からず茫然とするお祖父さんにそのおっさんは、

「あんた、さっきからここで、ずうっとぐるぐる踊っとったよ」

と感情のない声で告げた。

「まあ、こういうことは偶《たま》にあるんだが。……早いとこ、家に帰るんだなあ。何はともあれ、御愁傷様」

最後の一言を聞いてお祖父さんは、何だこの糞親父、と頭に来たのだけれど、面倒事を起こしてもつまらない。礼を述べてその場を辞した。

それにしても、とお祖父さんは歩きながら考えた。

狸に化かされるなんてことが、本当にあるんだな。

単に泥酔していただけとも考えられるが、お祖父さんはそんなふうに半ば感心しながら家路に就いたという。

が、家の前で家人と近所の人達が右往左往している様子を認め、瞬時に血の気が引いた。長らく病で臥《ふ》せっていたお祖父さんの妹が、つい先刻、息を引き取ったのであった。

それはお祖父さんがあのお囃子の音に合わせて踊っていたのと丁度同じ時刻で、だから以来、彼は祭りの時期になると人が変わったように陰鬱な様子になり、ひっきりなしに酒を飲んだせいで肝臓を壊し還暦前に死んだ。

遠藤さんはそれを近しい親族からお祖父さんの葬儀の席で聞かされた。

けれどそんなことを聞かされたところで、小学生だった彼には、一体全体どんな反応をしたらいいのか、さっぱり分からなかったという話なのである。

籠蛙力行《ロウアリッコウ》

綾子さんは九歳の夏に初めて掏摸《すり》を見た。

祖父との旅行で立ち寄った北国の駅で、時刻表を見ている祖父を突然三人の男が囲んだ。二人は若く一人は背が高い中年だった。中年男は、綾子さんの目の前で祖父の財布を掏《す》り、自分の持つ紙袋に素早く落とした。

祖父が気付いたときには男達は雑踏に散り、この間、恐らく三分もない。そのまま交番へ届けたが、多忙な父母に代わって旅行に連れ出してくれた祖父の落胆は大きく、綾子さんも無力な自分を責めた。

「仕方ない。菊さんの所にでも行くか」

菊さんは祖父の姪だが、会ったことはなかった。

親戚中から嫌われ、その原因を作った放蕩《ほうとう》息子は既に行方不明だと両親は話していた。

菊さんの家は北国の沼地にあった。六十代くらいの菊さんは大変な歓迎で二人を招き入れてくれた。

どうしてか、綾子さんを「リッコウちゃん」、祖父を「ロウ様」と呼ぶのだが、方言だと思い聞き流した。
夜、眠れずにいると、
「リッコウちゃん、お外行くか」
と菊さんに優しく呼ばれた。
眠る祖父を置いて沼へ歩いていく。菊さんは夏草の茂みに向かって、
「益荒男《ますらお》！ 益荒男！」
と鋭く呼んだ。
〈マスラオ？ 悪い息子は確かヒロシじゃなかった？〉
そう思っていると、草の間から大きな灰色の蝦蟇《がまがえる》が出てきた。
しかし、前足から後の身体は蛇のような筒状でズルズルと太い身体を引きずっている。
益荒男は頷《うなず》き、また暗い草叢《くさむら》に戻った。
今度はオンブ蛙が三匹出てきた。大きな蝦蟇に二匹の子蛙が被さっている。
〈あっ！〉
蛙の身体に人の顔が付いていた。
昼間の掏摸の三人組だった。嫌がる蝦蟇を仰向けに掴み、菊さんは綾子さんに見せた。
間違いなくあの中年男だ。菊さんは素手で蝦蟇の腹をグズリと裂いた。

「よし。肝がもう腐っとる」

そう呟くと沼に投げ、残りの二匹もそうした。そして二人は家に戻った。

次の朝、祖父にこのことを話すと、

「益荒男を使ったか。高く付くな」

と溜め息をついたが顔色も良く、何だか元気そうだった。

その後、祖父は肝臓に癌が見つかるが、奇跡的に回復した。

それから更に三年が経った深夜。眠る綾子さんの耳元で、「リッコウ、リッコウ」と声がした。田舎にいるはずの祖父が籠を背負って立っている。

籠には大量の一万円札が詰め込まれていて『籠蛙力行』と書いた紙で封じてあった。

綾子さんは何故か「ロウ様」と応えた。

その途端、籠から蛙の手足が生え、闇に溶けるように祖父は消えた。


翌朝、祖父の訃報が届いた。

通夜の間、祖父の庭では無数の蛙が鳴いていた。

ペンギン

二十年ほど前、小学生だった彩夏さんは父と二人で水族館に行った。

彩夏さんの一番の目当ては順路の最後のほう、出口の近くにあるペンギンのコーナーだった。

当時の彼女はペンギンが大好きで、ペンギンのぬいぐるみやペンギンのキャラクターのグッズなどをよく買ってもらっていたが、それまで本物のペンギンを見たことはなかったそうだ。

彩夏さんは他の生き物の展示もそこそこに、早くペンギンのコーナーへと行きたがって父を引っ張った。

「彩夏、焦らなくて大丈夫だよ。このペースで行けば丁度餌やりの時間に行けるから」

しかし父は何処かで掲示でも見たのか、ペンギンが御飯食べてるところ見たいだろ、と逸《はや》る彼女の気持ちを宥《なだ》めるように話した。

漸く二人がペンギンの水槽の前に着いて、彩夏さんが興奮してペンギン達を目で追っていると、父の言った通り、水槽の中にバケツを持った飼育員が現れて餌やりの時間が始まった。

水槽の周りに人だかりができ、中のペンギン達も狂乱したように飼育員の近くに集まって、飼育員が近くに放ったり渡したりする餌の魚を求めた。

彩夏さんもなるだけ飼育員の近くに行って水槽に張り付き、餌を食べるペンギン達を注視していた。

「お父さんも見て」

振り返って声を掛けたが父の姿がない。

人だかりから離れたところにいるのかと思った彩夏さんが周囲を見渡すと、彼女の視界の端に妙なものが映った。

飼育員の周囲に集まって餌をねだるペンギン達、餌を貰って水に飛び込んでもまた飼育員の傍に戻るのだが、一羽だけ離れたところに立っている。

(あの子、どうしたんだろう)

気になった彩夏さんは人だかりを離れ、そのペンギンの近くに移動した。

他の誰からも注目されていないそのペンギンは、微動だにせず、餌のほうに目もやらず俯いている。

彩夏さんはジッとそのペンギンの様子を窺《うかが》っていると、あることに気付いた。

そのペンギンには嘴《くちばし》がなかったという。

(え?)

始めは見間違いかと思って、屈んで覗き込んだが、確かに嘴がない。

(怪我してるんだ)

それで餌も食べられないのかと納得した彩夏さんは、憐れみを持って前のペンギンを見た。

餌の時間も終わりそうだったので彼女が人だかりのほうへ戻ろうとしたとき、そのペンギンが少し顔を上げた。

「ひ」

その瞬間、彩夏さんは声にならない声を出した。

ペンギンの目があまりに大きく、人の目に見えたからである。

というより、嘴のない、目の大きなその顔は真っ黒な人の顔にしか見えなかった。

彼女はゆっくり持ち上がっていくその顔から目を離せなかったが、そいつと目と目が合ってしまった瞬間、思わず顔を背けた。

そのとき彼女は真横に父親が立っていることに気付いた。

「お父さん、あれ何」

父親の腕を掴んで訊ねたが、返事がない。

父親の顔を見上げると、父の目は瞬きもせず一点を見つめ、口は半開きになっていた。

(あれを見てる)

彼女はそう感じたが、もう一度水槽のほうを向く勇気がなく、父の顔を見つめることしかできない。

すると父の表情は全く変わらないまま、半開きの口から、

「アー」

という低い声が漏れたという。

その声は今聞いた、餌を求めるときのペンギンの声に似ていた。

どうしていいのか分からず彩夏さんが泣きだしたとき、餌やりの時間が終わったのか、水槽の前の人たちが移動し始め、水槽のペンギンもまた自由に動き始めた。

「彩夏、どうした？　何で泣いてるんだ？」

いつの間にか父は元の父に戻っていて、今あったことが何もなかったかのように、泣いている彩夏さんを心配している。

彼女は先程の父親の表情と声が怖くて何も言えなかった。

出口に向かう前にちらっと水槽の中を見たが、俯いている数羽のペンギンの中にあのペ

ンギンの姿はなかった。

帰ってすぐにペンギンのグッズを「全部要らないから捨てて」と言って部屋から放り出した彩夏さんを両親は我が儘《まま》だと叱ったが、それでも泣きじゃくって無理矢理全て捨ててもらったという。

木《み》乃《い》伊《ら》館

ネイルサロンを経営されている三奈子さんは、前夫の恭二さんと旅行した先の温泉街で「木乃伊館」という建物を見つけたそうだ。

「これ、何て読むの？」

恭二さんに訊かれ、

「ミイラ館」そう答える。

すると彼はミイラという言葉に妙に興奮し、昔はエジプトでピラミッドの発掘をするのが夢だったとか、父方の生家には人魚のミイラがあったらしいとか、そんなことを異常な早口で捲し立てた。

三奈子さんは「木乃伊館」なんて全然興味がない。むしろ気味が悪いと思った。

彼女が小さい頃、経営していた会社が倒産したことで鬱屈した日々を送っていた父親は、一時期、レンタルビデオ屋で借りてきたホラー映画を朝から晩まで飽かずに観続けていた。

父親の好みは往年の怪奇映画に傾いていたらしく、ブラウン管テレビの画面には、吸血鬼や半魚人、フランケンシュタインの怪物に蠅男といったモンスター達の、悍《おぞ》ましくも何処か間の抜けた姿が四六時中映し出されていたという。

三奈子さんもまたそうした怪奇映画を愛したが、唯一、ミイラ男だけは例外だった。

初めてその存在を目にした晩、三奈子さんは生きたままミイラにされる夢を見た。

浅黒い肌に腰巻き姿、おかっぱ頭を膨張させたような髪型の半裸の男達の手によって腹を割かれ、ズルズルと臓物を引き摺り出される。

空洞になった腹腔には固形のナフタリンをぎゅうぎゅうになるまで詰め込まれ、真っ白い布で足先から順にぐるぐる巻きにされていく。

狭苦しい棺に身体を横たえられ、蓋が閉じられる。

そんな夢だった。

だから三奈子さんは恭二さんが「『木乃伊館』見たいな」と言い出しはしないかと不安に思ったのだが、結局そうはならず、二人はその古ぼけた公民館のような建物を後にした。


その晩、三奈子さんは二十年ぶりにあの夢を見た。

ミイラ作製の悪夢である。

が、そのときミイラにされていたのは三奈子さんではなく、恭二さんだった。

彼女がそうされたように、彼もまた生きながらにして内臓を抜かれ防腐剤を詰められぐるぐる巻きにされて、石棺に閉じ込められてしまう。

三奈子さんはその様子をまるで映画でも観るように眺めていた。無論、何とか助けたいとは思うのだけれど、最後までどうすることもできずにいた。

目覚めると、暑い訳でもないのに、寝巻きと布団が汗でぐっしょり濡れていた。

以前にも増して、嫌な夢だ。

と、隣に寝ている恭二さんのほうを見れば、布団はもぬけの殻だった。

時刻は午前二時。大浴場の開放時間はとっくに過ぎているから、一人で温泉に行った訳でもあるまい。

散歩にでも出かけたのだろうか?

布団に入る前、確か充電していたはずの携帯電話が見当たらなかった。

ということは、やはり外出しているのだ。

電話を掛けてみたところ、恭二さんはすぐに出た。

「あ、もしもし?　あなた、今何処にいるの?」

「何処って『木乃伊館』に決まってるだろ」

平然とそう言ってのけるので、三奈子さんは仰天した。

「いや、こんな時間に開いてないでしょ!」

「それならここは何処だって言うのさ？」

「こっちの台詞だよ！　ねえ、何か気に入らないことでもあった？」

「人魚」

「えっ？」

「これは人魚のミイラ。猿と鯉とを繋ぎ合わせたんだって。解説に書いてあるよ。こっちは河童と鴉《からす》天狗。雷獣って何だろ？　三奈子、知ってる？」

要するに彼は、何処かで妖怪のミイラを見ているのだろうか？

ということはやはり「木乃伊館」に？

そんな馬鹿な。

「あ、件《くだん》のミイラだって。結構可愛い顔してるんだね。鬼の赤ちゃんってのもあるよ。それから二つ並んでるこれは、ええと……ああ、そうか」

僕と三奈子のミイラだね。

その一言を聞いた途端に首筋の産毛がぞわっと逆立ち、三奈子さんはつい電話を切ってしまった。

すぐに掛け直すも、今度はいつまで経っても繋がらない。

業を煮やした彼女は、兎も角あの「木乃伊館」に行ってみることにしたそうだ。

なのだが、どれだけ探しても昼間見たあの建物が見つからない。

三奈子さんは必死に温泉街を駆けずり回った。

するとそんな彼女の姿を目撃した人が通報をしたものか、二人連れの警官がやってきて事情を訊かれることになった。

三奈子さんの説明を聞きながら、警官達は頻《しき》りに首を傾げ、

『木乃伊館』なんて聞いたことがありませんねえ」そんなことを言う。

でも確かにそういう建物があったんですよ、と訴えていたら、警官の一人が「あっ」と声を上げた。

「そういえば、何年か前に閉店した骨董屋があったじゃない？　あそこにほら、人魚だか河童だかのミイラを置いてたんじゃないか？」

何やら話が噛み合わない。とはいえ他に心当たりはない。

ひとまずその骨董屋に向かってみたものの、そこは昼間に見た「木乃伊館」とは似ても似つかない二階建てのボロ屋だった。

「違います。ここじゃありません」

三奈子さんが指摘すると、警官は「しっ！」と口元に人差し指を立てる。

「中に誰かいるようです」

「えっ？」

言われて三奈子さんは耳を澄ます。

なるほど、確かにシャッターの下りた店内からは何やら物音と、人の話し声がする。

入り口も窓もしっかり施錠されており、侵入経路は何処にもない。

にも拘らず、三奈子さんが再度電話を掛けたところ、中からは恭二さんのものと思しき携帯電話の着信音が聞こえてきた。

その頃には応援の警官や野次馬も駆けつけ、周囲は騒然としていた。

建物の所有者とは連絡が付かず、仕方なく扉の鍵を壊して踏み込むという話になった。

ペンチの親玉みたいなものを手にした警官が、裏口の前にしゃがみ込んでごそごそやると、バキン！　と音がして扉が開いた。

その途端、何年も掃除していないエアコンのフィルターの臭いを数十倍に濃縮したような悪臭が外に漏れだしてきて、三奈子さんは思わず顔を背けた。扉を開けた警官は臭いをもろに浴びたらしく、酷く咳き込んでいた。

恭二さんはそこにいた。

踏み込んだ警官の話によれば、以前は倉庫として使われていたのだろう部屋から、「ラララ、ララ」と子守唄のような歌声が聞こえてきたそうだ。

声の出所は部屋の隅に放置された巨大な長持で、恭二さんはその中にすっぽりと、まるで赤ん坊のような姿勢で横たわっていた。

薄汚い布切れを全身にぐるぐると巻き付け、恍惚《こうこつ》とした表情を浮かべつつ子守唄を歌う彼の姿は、とてもこの世のものとは思えなかったとのこと。

同じ長持からは、人差し指程の大きさの動物のミイラが見つかった。

経年劣化と虫食いがあまりに酷く、一見、人間の赤ん坊のようにも見えたが、後にニホンザルと判明した。

恭二さんは約一週間入院し、警察の取り調べを受けた。彼には宿で就寝して以降の記憶が一切なく、搬送先の病院で正気に戻るまで、何だか長い夢でも見ていた具合らしい。

恭二さんは責任能力欠如と見做《みな》され、起訴はおろか逮捕拘留もされなかった。

しかし彼がどうやって建物内に侵入したかについては、警察も頭を悩ませていたようだ。

一年後、二人は離婚した。

理由はいろいろあったが、三奈子さん曰《いわ》く、恭二さんから夫婦の寝室を分けようと提案されたのもそのうちの一つなのだとか。

子供が生まれたときのためにと遊ばせていた部屋に恭二さんは、人一人がすっぽりと入れる程巨大な木箱を運び込み、夜な夜なそこで睡眠を取るようになった。

気味が悪いからやめて、と再三訴えたものの、恭二さんは取り合わず、その頃から二人の関係はぎくしゃくしていった。

恭二さんと別れて暫くの間、三奈子さんは偶にこんな夢を見た。

全身の臓器を摘出され、防腐処理を施された恭二さんの物言わぬ屍《しかばね》が、狭く、暗い空間に横たわっている。

恭二さんの傍にはもう一体、こちらは恐らく女性のものと知れるミイラが、いつか来るよみがえりのときに備え、決して離れることのないよう、彼にぴったりと寄り添っていた。

そんな二人の様子を見るたびに、三奈子さんは怒りとも悲しみともつかない激情の波に襲われ、涙で枕を濡らしたことも一度や二度ではない。

けれどすぐに気持ちを切り替えた三奈子さんは、仕事に恋愛に、より一層精力を傾けた。

そうして離婚後に出会った二人目の恋人と再婚を決めた頃には、もう恭二さんの顔すら思い出せなくなっており、そんな夢を見ることも絶えてなくなったということだ。

恭二さんが今どうしているかは知らないし、知りたくもない。

腋臭《わきが》アート

二年前まで都内某所の高級ラウンジに勤務していたリサさんは、その日に限って徒歩で帰宅した。いつもなら頼む送迎を付けなかったのは何故か、今思い返してみても理由は判然としない。

当時リサさんが勤めていた店は自宅から二駅程の道のりで、歩いても一時間と掛からない。冬の夜の澄んだ空気に触れたかったのかもしれないが、要するに偶々そういう気分だったのだろう、と彼女は語る。

マンションが見えてきた頃には、時刻は午前三時を回っていた。

翌日は休みだから、温かい風呂にゆっくり浸かり、昼過ぎまで惰眠を貪ろうとの魂胆だった。夕方からは、ネイルサロンの予約があった。

マンションの隣にある駐車場の前を通りがかったところで、リサさんの視線はその中に、そこにいるものに釘付けになった。

細長い、影のようなものだった。

リサさんとの距離は約十メートル。身長一六五センチと女性にしてはやや長身な彼女が見上げるばかりの大きさだから、二メートル以上はあるに違いない。

恐らくは頭部に当たるのだろう球体から、節足動物を髣髴《ほうふつ》とさせる脚が四本、前後左右に伸びて、アスファルトの地面を踏みしめていた。

真っ黒なボディーは全体に金属的な質感を帯びており、頭部中央からはゴムホースか象の鼻のように見えるものが垂れ下がっている。

何これ、とリサさんはその場に立ち尽くした。

パッと見の印象としては、工事現場に放置された重機か何かのようだ。

けれどこの物体には、そうした機械類が必然的に帯びているはずの機能性みたいなものが欠如している。

要するにどのような意図があって設計されたのか、それがさっぱり分からない。

前衛的なアート作品のようでもあるが、そんなものが駐車場の真ん中に置かれているという状況はあまりに不条理に思える。

いや、そうした不条理をこそ志向するアートが世の中に存在していることは、リサさんとて知らない訳ではない。

それにしたって、どうしてわざわざこんなところに？

と思った瞬間、その物体が「ぶしゅうっ」という音を発した。

強いて言えば電車のエアブレーキ音によく似ていた、とリサさんは後にそう述懐する。

どうやら頭部にあるホース状の箇所から空気が漏れたらしい。

空気とともに噴出された臭いの粒子が、リサさんの鼻腔に届く。

臭い。

リサさんは思わず顔を顰《しか》めた。

生乾きの洗濯物、劣化したプラスティック、硫黄、カレースパイスに含まれるクミン、鉛筆の芯、それら全てを煮染めたような悪臭。

腋臭の臭いだ。それも強烈な。

思わず嘔吐《えず》きそうになり、リサさんは袖で鼻を覆った。

駐車場内の物体は「ぶしゅっ」「ぶしゅっ」と尚も腋臭くさい瘴気《しょうき》を漏らし続けている。どころか、いつしかそれは四本の脚を小刻みにうぞうぞと動かし、少しずつ体勢を変えつつあるようであった。

そのとき初めて、怖い、と思った。

どう考えても異常だ。一体全体どういう仕組みで動きだしたのかも分からない。まるで意思があるみたいだ。というか、むっちゃ臭いし。

「ぶしゅううううっ」と一際長い空気音がして、直後、腐った玉葱を鼻先に擦り付けられたような激烈な悪臭がリサさんを襲った。

あまりの臭気に涙が出る。目の前が霞む。

そこで漸くリサさんは我に返り、マンションの中に駆け込んだ。エレベーターを待つのももどかしく、階段で自室のある四階まで駆け上がるとしっかり施錠をし、まんじりともせず朝を迎えた。


リサさんがそんなものを見たのは一度きりだ。自分以外の目撃者がいるかどうかも定かではない。

なのだが、以来、マンションの廊下やエントランス、ゴミ捨て場といった共用部分で、虫や鼠《ねずみ》、鳩など、小動物の死骸をやたらと見かけるようになった。

どちらかといえばそれが気持ち悪いとの理由でリサさんは部屋を解約し、約半年間、埼玉の実家に身を寄せていたそうだ。

何かいる

和田さんは今年で六十五歳になる。

旦那さんの遺産を元手にマンションを建て、オーナー兼管理人として悠々自適の暮らしを営んでいる。

生活の不安はないが、己の健康となると話は別だ。

朝早く起きて、まずは散歩に向かう。結構な距離を歩いてから、マンションの掃除に取りかかる。

五階建て、全部で二十四室のマンションの共有部を丁寧に掃除していく。

なかなか大変な作業だが、おかげで和田さんは健康そのものだ。

ある日のこと。和田さんは、いつものように朝の掃除を始めた。

その日はゴミの回収日である。二十四室分のゴミが一斉に出され、積み重なっている、時にはゴミ置き場から溢れ出ることもある。綺麗好きの和田さんには我慢できない状態だ。

中には、燃やせるゴミの中にペットボトルを押し込んでいる輩もいる。そんなルール違反のゴミを見つけると黙っていられない。

地域の条例で透明のゴミ袋を使うように決められているため、中身が透けて見える。タバコの空き箱、ペットボトル、ホカ弁の容器等々、仕分けしていないゴミが見え隠れする。

「またあの人か。何度言っても直らないわね、馬鹿なのかしら」

ぶつぶつ言いながら、その場でゴミ袋を開ける。ちなみにこれは、プライバシーの侵害ではない。管理人として許されている行為である。

和田さんも堂々とやっていた。ハガキや請求書が入っていたら、犯人を特定できる。ゴミ袋に注意書きをべたべたと貼り付けて、その人の部屋の前に戻しておく。一旦はそれで収まるが、暫くするとまたやる。その繰り返しだ。

嫌われるのは覚悟の上、何なら出ていってもらってもかまわない。立地条件が良いから、空いたらすぐに埋まる。

その日のゴミは少し事情が違っていた。

黒いゴミ袋が混ざっていたのだ。この時点で既にアウトである。地域のルールが守れないようでは、話にならない。

とはいえ、流石にこれはおかしい。今までに、こんなことをした住人はいない。間違えて半透明の袋を使った人はいたが、黒というのは見たことがない。そもそも、この地域では黒色を販売しているスーパーがないから、持っていること自体がおかしい。

マンションとは関係ない外部の人間が、無断で捨てたのかもしれない。

その可能性は、和田さんの正義感に火を点けた。

他のゴミ袋を取り除き、持ち上げようとした瞬間、その黒いゴミ袋がガサッと動いた。

「うわっ」

思わず上げた声に反応したのか、またガサッと動く。それほど大きくはない。十センチぐらいだ。

「もしかしたら捨て猫とか……」

鳴き声などは聞こえないが、そうとしか考えられない。

和田さんは、思い切って手を伸ばし、袋を開けようと試みた。固く結わえてあり、かなり苦労したが、どうにかこうにか緩んできた。

中にいる何かは気配を察したのか、もぞもぞと動き続けている。

漸く解けた。中には薄汚れたバスタオルが入っている。それが膨らんでいる。

覚悟を決めてバスタオルを広げてみた。

和田さんは、目を丸くしたまま固まった。何もいない。空っぽだ。ただ、酸っぱいような生臭いような臭いがする。

訳が分からないまま、暫くゴミ袋を見ていたが、急に怖くなった。

何が動いていたんだろう。考えれば考えるほど怖くなってくる。とりあえず、黒いゴミ袋を他の人のゴミに押し込んで、和田さんは自分の部屋に戻った。

ドアを閉め、ソファーに座り、思い返してみる。確かに動いていた。錯覚とかではない。

納得できる理由が見つからない。少し頭を休めよう。

コーヒーを淹《い》れようと立ち上がった途端、ソファーに掛けてあったカバーが動いた。

先程のゴミ袋と同じように、一部が丸く盛り上がっている。

大きさも同じぐらいだ。もぞもぞと動く様子も同じ。あの臭いもする。

和田さんは、鳥肌を立てながら、カバーを捲り上げた。

何もいない。空っぽだ。首を捻りながら、カバーを戻す。

「うわ」

再度、声が漏れた。先程と同じ場所が盛り上がっている。もぞもぞ動く。

何かがいるのは確かだが、それが目に見えない。何度繰り返しても同じ。自分でも何をやっているか分からなくなるぐらい繰り返しているうち、それがフッといなくなった。

消えた訳ではない。何故かは分からないが、それは和田さんが気に入ったらしい。
今でも部屋にいるのは確かだ。臭いで分かる。
何か悪さをするようでもなく、ただもぞもぞと動き回っている。
以前、床一面に小麦粉を薄く敷き詰めてみたことがあるという。
残った足跡は、小さいが間違いなく人間の足跡だった。

マイク

高津家は毎年の年末年始には、家族共々箱根で過ごす。

除夜の鐘など衝《っ》いて大晦日のうちに寺社を詣り、年が明けたらすぐにもう一社、馴染みの神社に詣るのである。

これは娘さんが生まれた後も続く恒例行事で、これまで欠かしたことがない。


ある年の元旦のこと。

高津さん、娘さん、旦那さんの三人で、夜の箱根を歩く。

つい先程一社目の参拝を済ませたところで年が明けた。

箱根は坂の多い町だが、かといって全くの未開というほどでもない。古くから栄えた温泉地だけあって、人の往来のあるところは概ね整備されている。

暗い夜道を歩く参拝客の姿がそこかしこにちらほら見える。

大方、高津家と同様に初詣を目指しているのだろう。

とはいえ、時間は未だ夜中である。

参道は提灯に煌々《こうこう》と照らされてはいるものの、昼間ほどの明るさがある訳ではない。

高津さんは娘さんが転ばないよう、足下に気を付けながらその手を引いて歩く。

両親の手を握り、自ら吐き出す白い息に興奮しながら、娘さんも軽い足取りで歩く。

鳥居を潜り境内に入る。

参道には出店の屋台が並んでおり、また他の参拝客もちらほら姿がある。

人いきれに満ちているのに、境内の空気が澄み切っていて何処か透明感のある清々しさを感じる。清廉で清浄で神気に満ちた——とでも言うべきか。

綿飴や焼き鳥の俗な屋台が軒を並べていても、その清々しさは少しも損なわれない。

年の初めに多くの人々が、今日というこの日を選んで詣りにくるだけのことはある。

夜が明ければ、更に多くの参拝客で賑わうのだろうし、これからどんどん混み合ってくるに違いない。その人混みを避けるべく、例年早めの二社詣りを行っているのだ。

二礼二拍一礼。

家族三人で手を合わせ、良い一年であるよう手を合わせた。

「じゃあ、行こうか」

娘さんは満面の笑みを浮かべた。遅い時間まで頑張って起きていたのは、この後の屋台巡りの楽しみのため、と言わんばかりだ。

高津さんは娘さんの手を取り、屋台で賑わう人々の喧騒を楽しみながら鳥居に向かった。

参道を目指して上ってくる他の参拝客と、参拝を終えた者がかち合わないよう、鳥居の脇には帰りの順路になるような脇道が付けられている。

脇道には、神使たる狐様のための小さな祠や、由来不詳の史蹟の解説板のようなものが並び、その奥には神社をぐるりと囲うように生い茂る竹林がある。

その竹林の向こうには、境内からの提灯の明かりも届かぬ闇がある。

まるで、その闇は神社の加護の外に切り離された場所であるかのようで、少し怖い。

と、手を引かれて歩く娘さんが足を止めた。

闇の中の一点を指差して小さく声を上げる。

「あ、マイク」

一瞬、何のことかと思った。

つられて指差すほうを見ると、竹林の向こう、森の暗闇の中に蠢《うごめ》くものがある。

いや、蠢く、というのは少々語弊がある。

それは飛び跳ねている。

短い手足をひらひら、ぱたぱたとバタつかせ、踊っている。

闇にあるせいか大きさは正確には測り難いが、丸みを帯びた身体の表面には艶があり、その全身は鮮やかな薄桃色をしている。

桃に手足が生えたような、と言えば、多分しっくりくる。

そいつが、地面に転がった小石の一つを中心に据え、その周りを跳ね回っている。

それは愉快で楽しそうだった。言うなれば、悦びを全身で現すかのような踊り。

「見て、ママ。マイク！」

「本当だねえ。黄緑じゃないけど、マイクだねえ」

ここへきて、高津さんは娘さんが言わんとしていることに思い当たった。

手足の生えた桃のようなそれは、顔を兼ねるのであろう胴体部分に目玉が一つしかなかった。

娘さんは、暮れに親子で見たディズニー映画の『モンスターズ・インク』を思い出したのだろう。

なるほど、〈マイク〉とは、〈マイク・ワゾウスキー〉であったか。

あれは黄緑色の怪物だったが、色がピンクであることを除けば確かに似ている。

というより、他にしっくりくる喩えが思いつかないので、納得した。

「ピンクだけど、マイクだねえ。ママ、マイク踊ってる」

「お正月だからねえ」

娘さんは〈マイク〉に感化されたのか、薄桃色の〈マイク〉を真似てピョンと跳ね、くるくる回って踊った。

旦那さんは突然踊り始めた娘さんの愛らしさに目を細めていたが、娘さんが何を見て興奮しているのかは分かっていない様子だったし、参道を行くその他の参拝客も暗闇の中で跳ね踊る〈マイク〉に気付く様子はなかった。

いや、見えていないのだろう。

高津さん母娘以外には。

娘の踊りとともに〈マイク〉の踊りも暫く眺めていたが、〈マイク〉は躍動的な踊りを披露しつつ、次第に風景の中に溶けていき、ふわりと闇に消えてしまった。

「……マイク、行っちゃったね」

「そうだねえ。でも何だか……年の初めから素敵なものを見ちゃったねえ。今年はいい年になりそう」

走る。光る

北関東の栃木県では、夏場の落雷が非常に多い。「雷銀座」などと称されたり、県庁所在地・宇都宮は「雷都《らいと》」の呼び名を持ち、地元の菓子や企業の名前などにも広く取り入れられている。

更に同県では「雷」に敬称を付けて、「雷様《らいさま》」と表現する風習がある。空が暗くなり雷鳴が聞こえだしたら、「らい様がいらっしゃった」と、擬人化で雷の発生を伝えるのだ。

稲作が盛んな地域である故、雷が豊作をもたらすという伝承に対する「敬意」や「感謝」そして「親しみ」が込められたのが、「らい様」の呼称なのだと言われている。

「本当にそれだけなんですかね。自分の場合は、『畏怖の念』って奴が一番強いんですけれどね」

そう語るのは、栃木県出身のヒロシさん。彼は十代の頃、随分と荒れた生活を送っていたそうだ。学校にも行かず喧嘩に明け暮れ、それに飽きればバイクで暴走を繰り返す日々。危険行為に及んでも「自分は大丈夫」という根拠のない自信と、「いつ死んだって構うもんか」という厭世的感情が混沌とする、思春期の青年にありがちな時期だったとヒロシさんは述懐する。

ある夏の夕暮れ、自宅でうだっていたところ、窓の外に広がる空一面に暗雲が立ち込め、ゴロゴロと唸り声を上げ始めた。

らい様が来る。

それは地元の夏の、お馴染みの風景だった。暫くの間耐えれば、らい様は去っていくのが常だが、その日ヒロシさんは唐突に、

「雷に勝てたなら、俺は無敵」

などという突拍子もない思考に支配され、雷鳴轟く空の下、自宅から飛び出した。

暗灰色の空を白く縫う稲妻が絶え間なく光り、近付いてくる落雷の衝撃が大地を震わす。

ヒロシさんは天を仰ぎ、啖呵《たんか》を切った。

「殺《や》れるもんなら殺ってみやがれ！　何がらい様だ！　気取りやがって。最強はこの俺だ！」

ヒロシさんの挑発に乗るかのように、大粒の雨が落ち始める。

激しい雷雨にあっという間にずぶ濡れになったが、ヒロシさんは構わず、仁王立ちのまま空を睨みつけ、

「来いよっ！　ほら来いよっ！」

と、煽り続けた。とそこへ、
ワーッハッハッハッハー！

ヒロシさんの行為を嘲《あざけ》るような男の哄笑《こうしょう》が、雨音に紛れて聞こえてきた。

俺に喧嘩を売っているのは誰だと、声の主を探す。すると――。

自宅前に広がる畑の一本道を、全裸で駆けてくる男がいた。

いや全裸に見えたのは、男の全身が白く発光しハレーションを起こしていたからだった。

高笑いとともにスピードスケーターのごとく、地面を滑走するかの速度で接近してくる光る男。

「何がおかしいんだ、この野郎」

男の人間離れした様相にヒロシさんは動転し、ぶつけようとした言葉も声にならない。

「見るな！　ヒロシ！　見るな！」

背後から、鋭い怒声が突き刺さった。

同居する祖父の声だ。

途端に腰に衝撃が走った。タックルを食らわされそのまま倒れ込む。

「下げろ！　頭を下げんだ！　早く！」

後頭部を地面に押し付けられ、顔を上げることができなかったが、自分をねじ伏せているのが祖父だということは、いつもの掠れ声とタバコの匂いで分かった。

だが普段の祖父は、実に穏やかで物静かな人物だった。

「お前はまだ若い。好きなように生きりゃいい」

と、ヒロシさんの自暴自棄な暮らしぶりもおおらかに受け止めてくれていた。声を荒らげることなどなかった祖父の、初めて耳にした激しい口調に、ヒロシさんは言われるがまま身を低くして頭を抱え、地面に伏せた。

ワーッハッハッハッハ！

一際高くなった声は、ヒロシさん達を旋回しながら延々と止まらない。肌を焦がすような熱波が身を包み、呼吸するたびにむせ返る。

忍び寄る死を実感した途端、底知れぬ恐怖がヒロシさんを襲った。

「お帰りくださいお帰りくださいお帰りください」

祖父が耳元で唱える言葉を、ヒロシさんも必死に繰り返す。

「お帰りください！　お帰りください！」

僅か数分の時間が永遠にも感じられたが、笑い声は次第に遠ざかり、やがて雨音にかき消された。

「じいちゃん、今の何だったの？」

熱を持った身体が、雨に打たれ漸く冷えを取り戻した際、ヒロシさんが訊ねた。

「……らい様を、舐めんじゃねぇぞ」

祖父はそれだけ告げて、自宅に入るよう促した。

ヒロシさんは驚きのあまり、何ひとつ返答ができなかった。

祖父の両目が真っ白に、牛乳を零したように濁っていたからだった。

その後視界が不明瞭になってしまった祖父は、ある晩自宅の階段を踏み外し、頭を強く打ち急逝した。

息を引き取る直前、傍らに呼んだヒロシさんに、

「お前のせいじゃねぇぞ」

と言い残して。

「じいちゃんが死んだのは、どう考えたって俺のせいなんだよ」

光る男の目撃以降、やはり視力が急速に衰えたというヒロシさんは、ぶ厚い眼鏡のレンズの奥の瞳を潤ませ、後悔が消えることのない過去を語ってくれた。

遭神

東北に住む浦戸さんの家は山を所有している。

その山に住む神様が、大晦日の夜には本当の姿になって山を徘徊するので、その夜は絶対に入ってはいけないという話は、以前拙著に書いた通りだ。

ある日、この神様に関して、別の話があると浦戸さんから教えてもらった。

「ずっと昔の話だから、今は殆ど覚えている人もいないんだけど、そういえばうちの裏山の神様に、大晦日の夜以外に会ってしまったときは、目を取られるって話があったのを思い出してね――」

もう何十年も起きていないことだというが、浦戸さんが実家に帰省するときに、その辺りを知っている人に訊いてくれたのだという。

神崎というその老人は、生まれてこの方、浦戸さん宅の隣にずっと住んでおり、既に齢《よわい》八十を超えているという。話を振ってみると、大晦日に山に入って神様に遭遇して喰われて亡くなった子が出たという事件についても記憶していた。

「あんたんちの山には神様がおるけど、その神様は、大晦日以外に見たら気が違えるって言われていてな。実際のところ、俺の友達も大晦日以外の日に山に入ってな、身体は食われんかったが目を取られちまった――」


その友人の名前は巌といった。

巌は蝉時雨が耳に煩《うるさ》い真夏の真っ昼間に山に入った。

だが普段なら夕方には戻るはずが、戻らなかった。

もしかしたら山で怪我でもしたのではないかと、翌朝から捜索に入ることになった。

ただ、その夜は、やけに静かだった。

虫の音が全く聞こえないのだ。こんなときには良くないことがある。

神崎さんはそう思ったことを記憶している。


翌朝、浦戸さんの祖父をはじめとして、近所の男衆が集合して、浦戸さんの家の裏山に捜索に入った。

「なぁ浦戸よう」

「何だ」

「巌の奴、神様に遭っちまったんじゃないか。大晦日以外で遭っちまっても駄目なんだろ。先代から俺もそんな話を聞いたことがあるぞ」

「もう古い話だから、迷信だとは思っているんだけどな。目を食われるという話だ」

「目を食われるのは嫌だな。桑原桑原」

そのときは軽口のようにそう返したが、万が一にもそんなことが友人の身に起きてしまったら――。

神崎さんはゾッとした。

事実、神様が行うことは、人間には防ぐことができないのだ。

そもそも神様の世界の常識を、人間の常識で捉えられるなどと考えてはいけない。神様には神様の世界があり、人の世界とは違うのだ。

だから運悪くその二つの世界が交わってしまった場合、そこに立ち会ってしまうというのは運が悪かったということなのだ――。

神崎さんがそんなことを考えていると、浦戸さんが山へと足を踏み出した。

早朝から日差しが強く、今日も暑くなりそうだったが、普段耳を塞ぎたくなるほど煩《うるさ》く鳴いているはずの蝉が、一匹も鳴いていなかった。

巌は、捻れたように生えている二本の木の陰に隠れるように身を縮めていた。

「おい、巌！」

そう声を掛けると、彼は恐る恐る顔を上げて、こちらに顔を向けた。

ひっと息を呑む声が背後から聞こえた。

巌の顔は血塗れだった。

そして明らかに眼球がなかった。両方の眼窩《がんか》からは血が溢れて、乾いた膠《にかわ》のようになって顔中を覆っていた。

「その声は、浦戸さんかい」

彼は細い声でそう訊いた。

「ああ。お前のことを探しに来たんだ。大丈夫なのか。一体何があったんだ」

「それはすまなかったなぁ。俺は昨日、俺は昨日、俺は、俺は、俺、俺……！」

巌は、何かを口に出して説明しようとしているのだが、声にしてそれを伝えることができないようだった。何か巨大なものが閊《つか》えてしまって、喉から先にそれを出すことができないといった様子である。

「落ち着け。今、下まで連れていってやるから。歩けるか？」

神崎さんが横から声を掛けた。

「歩けるよ。大丈夫だ。でも肩を貸してくれないか。本当に真っ暗で何も見えないんだ。ところで、お前さん——本当に本物の神崎さんなんだろうね？」

巌は両肩を浦戸さんと神崎さんに支えられながら自力で山を下りた。その最中、二人に対して、何度も本物なのかと繰り返した。

きっと、何か恐ろしいものを見てしまい、精神のタガがおかしくなっているのだろう。

——神様に遭ってしまったら、目を食われる。

捜索に入った幾人かは、巌の様子を見て、山に目を食われたと噂していた。

巌が悪い訳ではない。神様のいる瞬間に立ち会ってしまったというのは、単に運が悪かったということなのだ——。


「神崎さんいらっしゃい。いつもすみません」

巌の細君が頭を下げた。巌が山で見つかってから、既に一カ月経っていた。

その間に医者に診せたりといろいろあったが、両目は絶望的とのことだった。これから先の一生を盲目で過ごさねばならない。

今後どうやって生計を立てていくのかも、行政と相談しているところだという。

「巌は？」

神崎さんが訊ねると、細君は首を振った。

案内を受けて寝室に向かう。途中で吹いてきた風は、もう秋の匂いを乗せていた。

巌は布団に横になったまま、急激に衰弱していた。一気にやつれ果て、骨と皮ばかりになってしまっている。

「巌、俺だ」

声を掛けると、巌は布団から上半身を起こした。

「神崎さんかい。よく来てくれたな。俺は早いところお山に帰らんといかんのだけどなぁ。目が悪くなっちまったみたいで、何にも見えないのさ。悪いね、折角来てくれたのに」

自分で毟《むし》ったのか、頭髪の束が枕の周囲に散乱している。巌の頭皮は真っ赤になって、爪で引っ掻いたような傷が目立った。

「いいんだよ。調子はどうだ」

「こんなに真っ暗じゃ、神様も見ることもできなくなっちまってなぁ」

巌は眼球の入っていない眼窩から、ぽろぽろと涙を流した。

「神様神様って、一体、あの日、お前は何を見たんだ」

「神様だよ。俺ぁ浦戸んところの山の中で、神様を見たんだよ——それで、目を食われちまったんだ」

そこまで言った途端に、巌の動きがぴたりと止まった。

どうしたのだろうと観察していると、半開きの巌の口から、つうと涎《よだれ》が布団に垂れた。

「おい、巌？」

ボロ雑巾のようになった巌は、そのまま動かなくなってしまった。

それ以降、巌は精神にも明らかに変調を来《きた》した。毎日神様のところに行かなくては、お山に帰らねばと、意味不明なことを呟き続けた。


「もう、巌は駄目だな。お前のところに山の管理を押し付けているようで悪いが、やっぱりこの山は危険すぎないか」

浦戸さんは、その問いにどう答えていいか分からないようだった。

——無理もない。迷信みたいなものが、生き残り続けているのだ。それの責任など誰にも取れっこないのだ。

「いつか」

浦戸さんは神崎さんのほうを向いて訊ねた。

「神崎さんは、いつかこの山から神様を追い出せるようになると思うかい」

「分からん」

「そうか――」

もしかしたら、ずっと未来であれば、山を神様のものから人のものにすることはできるかもしれない。だが、それが果たして良いことなのかどうなのかは、神崎さんには分からなかった。

「巌が死んでいるのが発見されたのは、あんたんちの山に入る裏庭のところだったよ」

神崎さんは一旦そこで言葉を切った。

「家族に見取られながら逝くと思ってたんだがね。あいつ、目が見えないのにどうやってこんなところまで来られたのか、未だに分からんのよ」

蛇精の菊

Yさんの祖父は菊作りの名人だった。「菊は肥やしが命だ」と言い、膨らみ始めた小さな蕾《つぼみ》を子供の頭ほどの見事な大輪に仕上げる力のある、特製の肥料を使っていた。

当時、まだ幼稚園生だったYさんは祖父の家へ行くと、丸々とした白菊のダルマ作りが咲き誇る庭で、菊の挿し芽をして遊んだ。

祖父が肥料小屋に籠もってしまうと、祖母のいる台所へ行く。台所には背の高い大きな漬け物樽《だる》があった。


その日も祖母が白菜を漬けるのを見ていると、不意に来客があり「ちょっと待っててな」と祖母は中座した。暗い土間で一人になると天井の梁《はり》のほうから何か、視線を感じた。

見上げると細い白蛇がいる。

真珠色に光る身体をくねらせ、Yさんを見下ろしていた。

〈もっと近くに下りてこないかな〉と棒を探すが見つからず、蛇の気を引こうと甲高い声で「キィーッ！　キィーッ！」と叫んでみた。

その途端、蛇は八の字にくねりながら漬け物樽の中へ落ちてしまった。すぐに這い上がるだろうと見守っていたが、物音一つしない。

そこに祖母が男衆を連れて戻り「お願いしますねぇ」と促すと、男三人掛かりで、

「せーのっ！」

と大きな重石を樽に載せて、蓋をしてしまった。

Ｙさんは白蛇のことを言い出す暇もなかった。


暫くして祖母から白菜漬けができたから送ると電話が来た。

Ｙさんは恐る恐る電話口で「白菜の中に白い蛇はいた？」と訊いてみた。

祖母が息を呑む気配がしたあと、祖父に電話を替わった。改めて事情を話すと、

「これも定めだな」

と急に大人に話すような口調になって電話は切れた。

この後、祖父は脳卒中で倒れ、亡くなった。倒れる直前には精進潔斎し、敷地内にある蛇神の祠に白衣で土下座をしていたという。

後年、Ｙさんは父親から蛇に纏わる謂《い》われを聞いた。

菊作りが趣味の先祖が唐の名人から『菊にはブリやニシンより精の強い蛇を使うと良い』と教えられた。山蛇を狩り、黒糖に漬けて液肥を作ると白蛇神が夢に現れた。秘伝と引き換えに、蛇の殺生をやめるように諭され、子々孫々に至るまで蛇を殺さない証しに祠を建てたという。

肥料小屋の甕《かめ》を開けると、半分に割った猿の頭が琥珀《こはく》色に溶けていた。

祖父の死後、Yさんは凄まじい声で喚く猿の群れに八つ裂きにされる夢をもう何十年も見ている。

祖父は自分の身代わりになってくれたのだと思っていたが、夢の中の祖父は菊の花園で白蛇を撫でながら猿に喰われるYさんを見て、満足げに笑っているそうだ。

外来種

藤田さんの両親の趣味は海外旅行だ。

今まではずっと欧米諸国が目的地だった。それこそ、馴染みの店を持つぐらい頻繁に訪問している。

最近は新しい刺激を求めると称し、専ら東南アジアを訪ね歩くようになった。

カンボジア、ベトナム、タイ、シンガポールなどの大都市は勿論、セブ島やバリ島もお気に入りだ。

有名な観光スポットは避ける。誰もが行く観光地よりも、生活感溢れる市場や裏通りを彷徨《うろつ》く。その土地の住民と触れ合うのが何よりの楽しみだという。

女性に限らず、男ですら危険な場所もあるだろうし、できれば止めてほしいと頼んでいるのだが、二人とも気にも掛けてくれない。

父は大手の商社で部長にまで出世した男である。海外支社の勤続年数が長く、英語を始めとして四カ国語に精通している。加えて、数多くの修羅場を乗り越えた経験もある。いざという時は、空手二段の実力が発揮されるだろう。

母も、看護婦長まで勤め上げた女性だ。度胸という点では父の上を行くかもしれない。

当分、藤田さんの心配は解消されそうもなかった。


半年前のこと。

例によって両親は海外旅行に向かった。新型コロナの影響で暫く控えていたため、久しぶりの長期旅行だ。

使い込んだスーツケースを引き、散歩に向かうような足取りで二人は出かけていった。

今回の目的地も東南アジアである。十日間掛けて、のんびりと過ごしてくるらしい。

時折届くメールに添付された画像には、いつものように妙な街角や、得体の知れない物ばかりの市場が写っている。

美しい海岸や素晴らしい夜景などは一つもない。

相変わらずだなと苦笑しながら、藤田さんは両親の帰国を待った。

帰国を明日に控えた日、またしてもメールが届いた。例によって画像が添付されている。

何処かの村のようだ。家屋とも呼べないようなみすぼらしい建物が並んでいる。

そのうちの一軒に妙な物がいた。薄暗がりのせいで、断定はできないが猿に思える。

人間の子供にしては、手足や身体の見た目が歪《いびつ》だ。ただ、どう見ても顔は人間だ。

そういう種類の猿がいるのかもしれない。いずれにしても、奇妙な生物だ。

メールの本文には、こんなことが書かれていた。


写っているのは猿の神様だ。この村で飼っているらしい。見た瞬間、惚れた。どうにかして連れて帰りたい。交渉してみる。


「いや、それは駄目だって」

思わず呟いてしまった。確か、猿の輸入は試験研究用か展示用に限られているはずだ。基本的に一般人は輸入禁止と言ってもいい。幾ら珍しいからといっても、いや珍しければ尚更、持ち帰りは不可能だろう。

父にどれぐらいの権力があるか分からないが、法律を無視できるとは思えない。

藤田さんは、その気持ちを素直に返した。結局、それ以降のメールのやりとりはなく、帰国の日を迎えたのである。


両親は珍しくタクシーで帰ってきた。普段なら、行き帰りとも最寄り駅からぶらぶらと歩いてくる。

様子もいつもと違う。羽を伸ばしてきたはずなのに、夫婦喧嘩でもしたかのように険しい表情だ。

出迎えた藤田さんも無視し、タクシーから降ろしたスーツケースを持って家に入っていく。

「お帰り。荷物、運ぼうか」

二人とも振り向きもせず、スーツケースを居間に運び込み、ゆっくりと開けた。

衣服に混ざり、古びた木箱が入っている。父は、その箱を骨董品でも扱うように慎重に取り出した。

「猿の神様だ。漸く我が家にお招きできた」

そう言って、ゆっくりと箱を開けた。

藤田さんの脳裏に浮かんだのは、あの画像の猿だ。一瞬、身構えたのだが、中から現れたのは猿は猿でも木彫りの像だった。

素人の手によるものか、かなり粗い像だ。辛うじて猿と分かる程度である。絹製と思われる紫色のクッションで保護されてあった。

二人は、その像を慎重に取り出し、サイドボードの上に置いた。残念ながら、北欧風の内装に全く似合っていない。

笑ってしまった藤田さんを二人は物凄い目で睨みつけ、像の前でいきなり土下座を始めた。

唖然として見つめる藤田さんの目の前で、一心不乱に祈りを捧げだす。聞いたこともない言語で、歌うような祈りだ。

何度か止めようとしたが、無理だった。三十分ほど経ち、漸く二人は祈りを終えた。

それからは普段通りの両親に戻り、一緒に食事をし、会話を交わし、いつもより少し早めに二人とも仲良く就寝した。

さっきの土下座と祈りは何だったのかと訊ねたのだが、そのときだけポカンと口を開けたまま、何も言わなくなる。

怖くなった藤田さんは、それ以上の追及は止めてしまった。

一体あの祈りは何だったのか。あの像は何なのか。何やら宗教的な印象もあるが、調べるべきだろうか。

自室でネットを検索してみたが、該当するような物は見当たらない。

気持ちは悪いが、実物をしっかりと調べてからだと決心を固め、藤田さんは居間に向かった。

時刻は夜中二時。足音を忍ばせて進む。両親はすっかり眠っているようだ。

居間のドアをそっと開ける。部屋の明かりを点けた瞬間、異様なものが見えた。像が置いてあった場所に、猿が座っている。木像ではない。あの画像に写っていた猿だ。目の前で見て、はっきりと分かった。間違いなく、首から上が人間である。アジア系の顔、平たく広がった鼻と細い目、薄い唇が妙に赤い。

猿は、その唇をきゅっと引き絞り、甲高い声で笑った。

ドアノブを握りしめたまま、立ち竦《すく》む藤田さんに向かって、猿は何事か言った。グトムナコと聞こえた。もう一度同じ言葉を発したが、藤田さんは固まったまま、反応できない。

猿は諦めた様子で首を軽く振ると、立ち上がって窓のほうに歩いていく。

止めなきゃという気持ちと、あんなものに関わってはいけないという気持ちがせめぎ合う。

迷っている藤田さんをチラリと見てから、猿はゆったりとした足取りで窓に到着し、そっと手を触れた。

その瞬間、猿は窓をすり抜け、外に出た。匂いを嗅ぐように鼻を突きだし、何かを探している。

目的地が決まったのか、猿は大きく一声吠え、走りだした。

大変だ、警察に通報しなきゃ。いや待て、信じてくれるだろうか。猿を見かけたと言えば、来てくれるのは間違いない。

だが、あの見た目である。捕獲に成功したら、とんでもない騒ぎになるのでは。

その結果、万が一にでも両親が持ち込んだものだとばれてしまったら、逮捕されてしまう。

散々迷った挙げ句、藤田さんは全て見なかったことにした。

翌朝。

恐る恐る居間に向かうと、既に両親がいた。二人ともサイドボードを見つめている。

それだけではない。あの奇妙な祈りを始めている。

対象となる猿の置物はもうないのだが、構わないようだ。

前回と同じく、三十分ほど経ち、二人は普段通りの生活を始めた。

結局、猿は戻ってこなかった。

それから一カ月後。二人はまた、海外旅行に向かった。行き先は前回と同じく東南アジアの国である。

今回は一週間だけだ。最終日近く、父からメールが届いた。

こんなことが書いてあった。

今度は雌の猿の神様が手に入った。物々交換を希望されたが、何とかなった。

添付された画像には、女性の顔をした猿を抱っこする父が写っていた。

今回もやはりタクシーだった。喜色満面の父だけが降りてきた。スーツケースを持ち、家に入っていく。

「父さん。母さんはどうしたの」

父は振り向きもせずに答えた。

「交換した」

サイドボードには、前の物と同じような木彫りの猿の像が置かれた。雌の猿ということだが、言われてみれば何となく線が優しい。

猿は真夜中にまた実体化し、同じようにグトムナコと言葉を残し、闇に消えていった。

父は母がいないことに何も感じていないようだ。

実を言うと、藤田さん自身も別にかまわないかと思っている。一週間程経ち、猿が二匹揃って仲良く帰ってきたからだ。

自宅の庭で楽しげに遊ぶ猿達を見ていると、何もかもどうでも良くなってしまう。この世はパラダイスなのだと確信できる。

こんな幸せを手放す訳にはいかない。子供が生まれて数が増えても、全力で守るつもりだという。

ちなみに、グトムナコという言葉を調べたのだが、タガログ語で腹が減ったという意味らしい。

猿達が何を食べているのか、藤田さんには分からない。父は知っているようだ。

我が子は神

商社にお勤めの御主人とともに、世界数カ国での居住経験がある奈々子さん。

十数年前、インドネシアのジャカルタ駐在の折、趣味のダンスを通じて、アコさんという日本人女性と親しくなった。ランチにショッピング、近隣のリゾートへエステ旅行など、暇を見つけては女同士で余暇を楽しんだ。

ジャカルタから飛行機で東へ約一時間、「プラウ・デワタ（神々が宿る島）」と称されるバリ島へ小旅行に出かけた際の話だ。

「有名なバリアンに、占ってもらおう」

共通の旅の目的の一つがそれだった。

インドネシアでは「ドゥクン」と呼ばれる呪術師、祈祷師が、人々の生活に欠かせない存在となっている。病気の治療、占いや予言、そして時には悪魔祓いや黒魔術。超自然的な能力を所持すると信じられている彼らに、バリ島では「バリアン」の呼称が使われていた。

日本でも一九九〇年代に一大ブームを巻き起こしたインドの聖人、サイ・ババの元で修業を積んだという人気のバリアンに何カ月も前から予約を入れ、漸く占ってもらうことができた奈々子さんらであったが、その結果には大いに不満が残ったという。

「予約が詰まっているからって、二人同時で占われたの。それもこっちの話なんかまるで聞かずに、一方的に向こうが話すだけで」

奈々子さんには「貴女は前世で十五人の子供を産んでいる。だから今世では母としての仕事はお休み」と、そしてアコさんには「貴女は『神の子』を産む。大切にするように」。それだけを告げると「これで全てだ」と、早々にその場から追い出されてしまった。

「主婦の関心事は、妊娠だけだとでも思っているのかしら」

奈々子さんは憤慨し、

「ウチも子供はまだ先でイイよねって決めているのに、とんだインチキだわ」

アコさんは呆れかえった。

「こういうこともあるよね」と気持ちを切り替え、ビーチと買い物を満喫してから帰路に就いた数週間後。

「奈々子さん、私、妊娠していましたわ」

予想外の懐妊が判明したと、アコさんから連絡が入った。

「じゃあ、お腹《なか》の子は、間違いなく『神の子』だね」

お祝いの言葉とともに、冗談交じりに奈々子さんは続け、笑い合った。

アコさんの妊娠を見事当てたとはいえ、「神の子を産む」などと占ったバリアンの言葉は、信じるに値しない戯言だと、二人とも思っていた。

順調な妊娠期間を経て、アコさんは無事女の子を出産した。その報告に、奈々子さんも自分のことのように喜んだが、

「実は、怖いことがあったのよ」

電話口のアコさんは、真剣な声で告げてきた。

アコさんの御主人は、若くしてビジネスで大成功を収めた資産家であり、高級住宅街に邸宅を構えていた。初めて迎える我が子と最愛の妻のために、御主人は優秀なスタッフを集め、自宅での出産を計画した。

数十畳もある巨大なリビングに、バースプールという水中出産用のプールを設置し、いざ分娩に臨んだアコさん。そして助産師さんの手によって、赤ちゃんが取り上げられた瞬間、

パ――――――ンッ！

リビングの床から天井まで届く、大きな掃き出し窓のガラスが一瞬で砕け散った。

現場を目撃した使用人らの話によると、ガラスは飛んできた石や鳥、ましてや銃弾などの外部からの力によって割れたのではなく、窓全体に瞬時にひびが入って損壊したのだと

いう。同時刻に地震や爆破事故などもなく、理由は全く説明が付かない。

「貴女は『神の子』を産む」

原因不明の現象に、アコさんは母となった喜びを噛みしめるよりも、バリアンの言葉を脳内から払拭《ふっしょく》できず、一抹の不安を覚えた。

生まれたお子さんは女の子で、Aちゃんと名付けられた。

育児に奔走し、一時はアコさんも「神の子」発言を忘失していたが、乳幼児期のAちゃんについては、
・誰もいないところをジッと見つめて、笑ったり手を振ったりしている。
・火が点いたように泣き始めると、その後決まって激しいスコールが降る。
など、気になる点はあったものの、「赤ちゃんにはよくあることかも」と、深く考えはしなかった。

だが、Aちゃんが言葉を発するようになると、
・来訪者を事前に名前まで言い当てる。
・掛かってくる電話も同様。ほぼ百発百中。
偶然では片付けられないような事象が続き、遂にはニュースになるレベルの事件や事故についても、Aちゃんは予言に近い発言をするようになった。

それでもアコさんご夫婦は敢えてAちゃんを「神の子」などという色眼鏡で見ずに、普通に育てていこうと考えているのだと、当時ジャカルタを離れ、中東の国で暮らしていた奈々子さんは報告を受けていた。

更に年月は過ぎ、日本に帰国していた奈々子さんに、アコさんから連絡が入った。

「奈々子さん、気を付けて」

意味深な物言いから切り出された会話に、詳しい説明を求めると——。

Aちゃんの教育方針について話し合った際、小学校からは日本で育児をしていこうと夫婦で意見が一致した。

ところが、日本への移住案をAちゃんに伝えると、

「いやっ！　ニッポンいかないっ！　ニッポンこわいの。いっちゃ駄目なの！」

と、ひきつけを起こすほどの号泣をして拒否された。

どんなになだめすかしても、

「ニッポンこわい。こわいあるからいかない」

そう繰り返すAちゃん。常日頃のAちゃんの予言の的中率と、あまりにも頑なな娘の態度に御両親は日本行きの案を白紙にした。

「変なこと言ってごめんね。でも念のため、奈々子さんにも伝えておきたくて」

ニッポンで、何か怖いことが起きる。

「神の子」だと告げられた娘の言葉を信じ、アコさんは「注意してくれ」と進言してくれたはいいが、いつ、何処で、どんなことが起きるのか皆目見当が付かない状態で、一体どう注意すればいいのだろうか。そう困惑しながらも、防災グッズや備蓄品の準備を欠かさずにいたという奈々子さん。

それから数年間で、確かに日本では様々な災害、事件、事故が起きた。豪雨や台風、地震等による自然災害、自動車やバス、船舶に関する悲惨な事故、無差別な通り魔的犯罪に、元首相の銃撃事件まで。

そのどれかがAちゃんのいう「怖いこと」かもしれないし、更にもっと恐ろしい想像も付かない「怖いこと」がこれから起きてしまうのかもしれない。

つい先日、奈々子さんは久しぶりにアコさんに連絡を入れた。当たり障りのない会話から、

「そういえば最近のAちゃんの『神の子』ぶりはどう?」

と、軽く訊ねたところ、

「……その話はちょっと」

途端にアコさんの声が、重苦しいものに変わった。

「ごめんね。このままだと、あの子、連れていかれちゃうから。もう忘れて。ごめんね」

誰に？　何処へ？　口を挟む間もなく、アコさんは早々に話題を切り替えると「じゃあまたね」と、そそくさと通話を終えてしまった。

だが奈々子さんは、アコさんの態度を不審に思うよりも、とある事象に気を取られていた。

電話口でアコさんが「あの子、連れていかれちゃうから」と発した瞬間、洗面所に吊していたウィンドチャイムが高らかに鳴り響いたのだ。吊り下げられた金属製の棒が、風に揺れるとぶつかり合って音を奏でるウィンドチャイム。奈々子さんは音を楽しむというよりは、インテリアのアクセントとして洗面所の鏡の前に飾っていた。風が通る場所ではないので、誰かが手を伸ばして揺らさなければ鳴らないはずなのに。

「それね、バリで買ったものだったのよ」

チャイムの音色は、奈々子さんに何を告げようとしていたのか。

恐らく、神のみぞ知る――ことなのかもしれない。

小袖の手

三村さんが泊まったのは、知る人ぞ知る老舗旅館だ。

とりわけ若い女性に人気で、その日も特に行楽シーズンではなかったが、女性客ばかりで満室に近かった。

「女一人客なんか予約取れないかな、と思ったんですが」

電話越しにも暫し逡巡の間があったとはいえ、結局彼女の予約は取れた訳だ。

ところが、客室に入った途端、妙なことが起きた。

まさに襖を開く動作の最中、まるで呼応したように奥の襖が閉まったのだ。

「——この部屋にいるの、私一人じゃないなって」

確かめてみたもののそこは押し入れで、中にあるのは布団だけ。

「不思議と怖いとは思わなかったんです。久しぶりの旅行でテンション上がってたんですかね」

晩、寝床に就いていた三村さんがふと覚醒した。

パッと頭が冴え、見ていた夢も一瞬で忘れるほどだったが、身体が動かない。

（金縛り――？）

ふと横の壁を見ると、その壁に着物が掛けられている。

そんなものはなかったはずだ。和服と呼べるのはせいぜい宿泊客向けの浴衣だけ。彼女の荷物にも、和服はない。

見えているのは、上等そうな着物の背中側だ。とてもあんなふうにハンガーで吊すように壁掛けするものではないだろう。

身動きが取れず、思わずその着物を見ていると、その背中がスッと膨らんだ。

丸みを帯びた背中は、まるで壁から抜け出そうとしているかに見えた。

（視ちゃいけない）

急にそう感じた三村さんだったが、目を閉じるのが一瞬遅れた。

丸まった背中の上、壁から引っ張り出すように後頭部が抜け出し、長い髪がぶわっと扇状に広がる。

――目を閉じてしまった。

真っ暗になった彼女の視界の外を、のそり、のそりと動き回る音が続く。

金縛りの上、更に身体が重くなった。

何者かが自分にのしかかっているのだ。それも、足で踏まれる、掌で押されるといった感覚とは違う。

点ではなく面。巨大なプレスか何かで、身体全体を均等に押し潰されるかのようだ。

(やめて)

圧力に耐え、身動《みじろ》く。

すると、この重圧の中でも手が動いた。金縛りは解けたのだろうか。

彼女は恐る恐る目を開ける。

いつの間にか早朝になっていた。

自分の手が見える。よく見知った白い手首。しかしそれは、自分の着ていた浴衣から出ていたのではなかった。

慌てて飛び起き、自分の姿に気付く。彼女は、身に覚えのない立派な着物を羽織って、袖まで通していたのである。

「朝になって、フロントで訊いてみたんです」

着物を脱ぎ、不慣れながら丁寧に畳んだ上で持参した。

彼女が口を開く前に、着物を一目見た女将は血相を変えたという。

「着物は、旅館のものらしいです。アメニティみたいに客室に出す訳じゃないらしいんですが」

そして女将は、三村さんに妙なことを訊ねた。

「――『このお着物、欲しくはなりませんでしたか？』って。考えもしなかったです。歯ブラシやスリッパなら兎も角……着物なんて」

その答えを聞いて、女将はいよいよ心底安堵し、『よかった』と何度も口にしていたそうだ。

「何が『よかった』のか、私はちっともよくないですよ。おかげで寝不足でしたし」

宿代は、お食事含めて無料になったという。それもあって結局その着物が何だったのかはしつこく訊ねなかったそうだ。

それでも彼女は、会計のときにふと奥から漏れてきた言葉を確かに聞いた。

「『また着物が帰ってきた』――そんなふうに言ってました」

ジュエリーケース

ある日、広瀬さんはアンティークショップを訪れていた。

そのお店は西洋の雑貨が数多く陳列されていて、どの品物も結構な金額の値札が貼られていた。

「うーん、無理したら買えなくはないけど……」

陶器のジュエリーケースに魅かれるが、自分にとってはかなりの贅沢品に思える。

掘り出し物はないのかと、隅々まで見て回ると、一つの商品に目を奪われた。

外観は淡いピンク色の花びらを模しているが、蓋を開けるとジュエリーケースとなっている。

金額も八千円なので、手持ちのお金で十分に事が足りる。

「すみません、これください」

広瀬さんはそのまま気分良く家路に就いた。

部屋に入ると早速、指輪をジュエリーケースに仕舞い込む。

蓋をわざとずらし、指輪の収まり感に満足をしていた。

(やっぱりお買い得だったわ。でも、こんなに可愛いんなら、下にも何か敷きたいよねー)

確か、小さめのレース生地があったはずだと、箪笥《たんす》を物色する。

「あった、あった」

広瀬さんは鼻歌を歌いながらジュエリーケースのほうに振り返る。

——そして固まった。


ジュエリーケースから茶色い靄が噴き出ている。

まるで火口のマグマのように、脈動しながら次々と靄を空中に漂わせていた。

「え、え、何？　何なの？」

その言葉を発した瞬間、靄の中から何かが飛び出してきた。

一直線に広瀬さんに向かってきたものは、ムササビに近い生き物だったように思える。

それが彼女の顔にぶつかる直前に、意識を失ってしまった。


気が付いたときには、部屋は静まり返っていた。

怪しい靄は完全に消え失せ、ジュエリーケースも何処にも見当たらなかった。

動揺する広瀬さんは頭を必死に働かせようとする。

しかし、科学的に説明する方法はどうやっても思い浮かばなかった。

（あっ、私の指輪！）

そこで漸く、ケースごと自分の指輪が消え失せていることに気付いた。

気に入っている品であることは勿論だが、決して安い品々でもない。

このまま泣き寝入りする訳にはいかないので、説明のしようもないが、アンティークショップへ足は向かっていた。


「あのう、私の指輪がここのケースと消えたんで……」

広瀬さんは店舗へ入るとすぐに、意図が伝わらない第一声を放ってしまう。

「あ、えーと、つまり、今日、ここで買ったケースが、私の指輪と一緒に……」

店員は、一瞬驚いた表情を見せたが、「あー、はいはい」と陳列棚を探し始める。

「ありました。お客様、こちらですよね」

店員の指し示す先には、花びらを模したジュエリーケースがある。

「え？　どうして？　これがどうしてここに？」

「ええ、それはこちらも分かりません」

店員の表情は嘘を吐いているようには見えない。

何処か困ったような印象さえ受けた。

「え、私の指輪もここにあるってことですか？」

「それはお客様御自身で御確認ください」

蓋を開けると、突風が広瀬さんの顔に当たる。

と、同時に金属音。いや、獣の歯ぎしりなのだろうか、甲高い音が五秒ほど彼女の両耳の奥で響き渡った。

「な、なんなんですか？」

思わず声を荒らげてしまうが、店員は困った表情を崩さない。

「ほんと、何なんでしょう……ねぇ……」

ジュエリーケースの中には広瀬さんの指輪は全て揃っていた。

ただ、完全なる野生の獣臭がケース内には籠もり、指輪にも染みついている状態だった。

「で、どうしましょう？　お持ち帰り……しますか？」

「だって、私の買った物だし、私の指輪ですよ！　……一体、どういうことですか……」

店員の話によると、広瀬さんと同じようなことは過去にもあったという。

お客様に販売した商品が店内にある時点で異常なことだが、それを説明する術はないらしい。

「以前のお客様も御立腹でした。目の前で消えたから、手品か何かだろうって。飛び出したムササビにケースを盗ませたんだろうって、意味不明なこと言われてもって思ったら、すぐ目の前の陳列棚にこれがあったんですよね。一点物で仕入れているので、そのお客様が店に気付かれないようにそっと置いて、難癖付けてきていたのだと思ったんですが……」

店員の話に、完全に広瀬さんは言葉を失う。

可愛らしいと思えたジュエリーケースが薄気味悪い物にしか見えなくなっていた。

「それがここにあるってことは、その人は返品したってことですよね？」

「まぁ……そうなりますかね……」

「じゃあ、私も返品します。お金を戻してください」

「それが……お店は返品を受け付けていないもので……。どうしてもと言われた場合、オーナーの許可が必要になりまして……」

辻褄の合わない話に、広瀬さんはイラついた。

それから暫くの間、店員と押し問答になる。

警察を呼ぶ呼ばないと話が進展したタイミングで、店内に初老の男性が入ってきた。

「何、何？　何の騒ぎ？」

店員の話しぶりから、オーナーだと推察された。

「あーそう、揉めるんじゃないよ、全く」

その男性はジュエリーケースから広瀬さんの指輪を取り出すと彼女に手渡した。

「これは貴女の物に間違いないね。はい、全部返したよ。でね、うちは返品はしないのよ。アンティークって簡単に返品受け付けしてたら、商売にならないから。この業界じゃ常識なんだよね」

不敵に笑みを浮かべるその顔が、また広瀬さんをイラつかせる。

「でも……だってそんなおかしな物を売って、返品は駄目って……」

「落ち着いて、お嬢さん。だから、返品は駄目だから、僕が個人的にそれを買い取ります。何か問題あります？」

売価の確認を取ったオーナーは、八千円を広瀬さんに手渡した。

「はい、これで問題解決。どうぞ、お引き取りください」

それ以上、何もできなかった広瀬さんは店を後にする。

「何か、納得できないっていうか釈然としないじゃないですか」

時間が経つにつれ、広瀬さんの中で怒りの感情が湧き上がる。

まず、大切な指輪には異臭が染みついていたため、台所用洗剤で洗ってみた。乾燥させると異臭は消え失せたが、どうしてこんなことをしなければならないのかと理不尽な思いに駆られる。

次に、返品騒動時の店員の受け答えである。

思い返すと、何処か他人事のようにも思え、何かを知っていたような節も見受けられる。

そしてオーナーの対応。

偉そうな言い回しにも腹は立つが、普通、曰くつき商品と言えそうな物をあっさり引き取るものだろうか？

（どうしたらいいんだろう？）

自らの感情の解決策などは見つからなかったが、一カ月後、帽子と眼鏡で変装した広瀬さんはアンティークショップを訪れていた。

店員はあの日の人とは違う人が一人だけいた。

これなら変装の必要もなかったかと思いながら、例のジュエリーケースを探す。

――あった。

右手の陳列棚中央部分に、ひっそりと置かれている。

値札は一万二千円。以前より、高く価格設定されているようだ。

さて、この商品の曰く的なことをどうやって聞き出そう。

ストレートに訊ねても教えてくれるはずもない。

広瀬さんは良い考えが浮かばないかと、店内をうろうろしながら考える。

そのとき、店内に若い二人の女性が入ってきた。

彼女達は楽しそうに次々と商品を手にとっては、あれこれと話し合っていた。

（あっ、それは……）

一人の女性が例のジュエリーケースを手に取る。

蓋を開けようとしたとき、手を滑らせたのか、ケースは床に落下した。

陶器独特の乾いた破裂音とともに、動物の雄叫びとも断末魔とも付かない声が店内に響き渡った。

その最中、バラバラに砕けたジュエリーケースから、例のムササビが飛び出す。

宙を二、三回旋回すると、霧散するように消えていった。

「えっ、何？」

「何かの動物が鳴いたよね？　飛んでたアレ？　え、何処に行ったの？」

どうやら広瀬さんが見た光景は、彼女達にも見えていたようだ。

異常に気付いた店員は彼女達に近付き、徐《おもむろ》に掃除を始めた。

「あっ、ごめんなさい。弁償します」

「え、でもさっきのは何ですか？」

「あー、本物のアンティークだったってことですかね？　オーナーの受け売りですが、あちらの国では精霊が住み着くみたいです。それで本物のアンティークと呼べるみたいなので」

「またまたー」

「ははっ、どうでしょう」

広瀬さんはそのやりとりを聞いて、そっと店を出た。

その後、広瀬さんはアンティーク品に興味を示すことも、そういうお店を覗くこともなくなったという。

お歯黒

崎田さんが高校生の頃の話である。

当時、崎田さんには野田という親友がいた。

二人は、心霊スポット巡りを趣味にしていた。とはいえ、金も車もない高校生にできることなど、たかが知れている。

自転車で往復できる範囲が活動現場だ。そこに存在する廃墟や、寂れた場所を勝手に心霊スポットと断定し、何か霊的な体験ができないかと彷徨くのである。

要するにお手軽なお化け屋敷を求める遊びだ。二人にとって最高の趣味だったが、名もなき森で過ごした一夜を最後に止めてしまった。


その森を見つけたのは野田だ。

野田の父親はドライブを趣味としている。暇があると野田は助手席に座り、景色を楽しむ態《てい》を装い、これはという場所を探していた。

新幹線の高架沿いの道路を走っていたときのことだ。延々と田圃が続く景色の中で、その森は嫌でも目立った。

全体的に黒く、高い木はない。小ぢんまりとした森だが、何故か圧倒的な存在感がある。ドライブに来なければ、知らずに終わったかもしれない。自転車だと一時間強といったところか。

次の連休を過ごすには、最高の場所に思えた。

翌日、野田から話を聞いた崎田さんも、思わずガッツポーズを取った。今までに探検した場所とは明らかに違う、危険な現場の臭いを感じ取ったからだ。

どうするか訊かれるまでもない。野田も訊いてこない。行くのは大前提である。

午前中に現場入りし、探索が可能か調べる。まずはベースとなるキャンプ地を探す。そこからが本番だ。

一晩中起きている予定だから、食料と飲み物、懐中電灯とカメラぐらいで十分だ。

決行は翌週の三連休と決まった。家族には友達とキャンプに行くと言ってある。ただし、行き先は嘘をついた。

いよいよ当日の朝が来た。幸い、穏やかな天候が続くとの予報だ。

二人は勇んで出発した。晴天の下、友達と走っているだけで既に最高である。

この先、何が起ころうとも、二人の力をもってすれば突破するのは容易《たやす》いことに思える。根拠のない自信と高揚感に導かれ、休憩なしで自転車を漕ぎ続けたおかげで、一時間も掛からずに到着した。

間近で見ると迫力が違う。今まで訪ねた廃墟や森とは、比較にならない禍々しさがある。森を少し入った場所に自転車を止め、いよいよ調査開始。

驚いたことに、鉄条網の柵《さく》があった。

「これは怖いな」

「どうしよう、死ぬかもしれない」

言葉とは裏腹に、二人とも満面の笑顔だ。当然、引き返す訳がない。鉄条網にタオルを巻き付け、難なく乗り越えた。

随分長い間、人の往来がないのだろう。道はあるのだが、腰ぐらいの高さの雑草が生い茂り、行く手を阻む。

「こんなこともあろうかと」

野田は笑いながら、リュックから鎌を取り出した。祖父が農作業で使っていたものだという。

前に立った野田は鼻歌交じりで鎌を使い、順調に道を進んでいく。

十分程進んだところで、キャンプに最適の場所が現れた。

雑草も少なく、周辺の様子を観察しやすい。何より、星がよく見えそうだ。

手近にある切り株に腰を掛け、汗を拭う。少し落ち着いたら、腹も減ってきた。途中のコンビニで買ったお握りを食べながら、無駄話に花を咲かせる。

わざわざ来たけれど、どうせ何もないだろう。それはお互いに分かっている。

そんな簡単に心霊体験などできるはずがない。そう思ってはいるが、口にはしない。

暗黙の了解という奴だ。その代わりと言っては何だが、最近仕入れた怖い話を語り合ったりする。

ところが、その日は違った。野田がいきなり黙り込んだのだ。どうしたのかと顔を上げた崎田さんをジッと見つめている。

正確には、崎田さんの左肩付近を睨んでいる。

「古い手だなぁ。良かったら怖がろうか」

崎田さんが茶化しても黙ったままだ。痺れを切らした崎田さんは、わざと怖がりながら顔を左に向けた。

そこに何かがいた。何かとしか言えないものだ。とりあえず見えたのは、巨大な顔だった。女だと思う。ぽっかり開けた唇も、そこから見える歯も真っ黒だった。

悲鳴すら上げずに、野田が立ち上がって逃げ出した。崎田さんも後に続く。暫く走り、恐る恐る振り返る。

とりあえず先程の顔は見当たらない。

野田はまだ逃げているようだ。先を行く足音と悲鳴が聞こえてくる。

野田はこう叫んでいた。

「こっち来んな、来んなってば」

この瞬間、崎田さんは真剣に悩んだ。悩んだ末に友人を見捨てた。そろそろと足音を忍ばせ、反対側に逃げたのである。

荷物は全て諦め、止めてあった自転車まで辿り着き、全速力で走った。

「ごめんなさい、ごめんなさい」

いつの間にか泣きながら叫んでいたという。

自宅近くまで帰りつき、崎田さんは再び真剣に悩んだ。どうやって大人に説明しようか。正直に言うのが一番だが、信用してくれるだろうか。

悩みに悩んだ末、やはり正直に言うしかないと結論が出た。

「ただいま」

「おかえり」

出迎えたのは野田だった。にこにこと笑っている。唖然として見つめる前で、野田はもう一度ゆっくり「おかえり」と言い残して出ていった。

前歯が一本抜けていたのが、やたらと印象に残っていたという。

以上が崎田さんの話である。

森の中で巨大な女の顔と出会い、それから友人がおかしくなった。それだけのことだ。今も、その森はある。時折、野田が出入りしている。その都度、歯が減っている。今では数えるほどしかないらしい。

野田が森で、何をしているか分からない。訊く気もない。

デコトラ

長渕さんはかつて長距離のトラック稼業をやっていた。

それも所謂《いわゆる》デコトラと言われるような、派手な装飾を施したトラックである。

「まぁ、ありゃ家だからよ。見かけて、こりゃ似合うなと思ったら買っちゃうんだよ。今でもそう」

興味本位に訊いたところ、そうした装飾具を扱う専門店もあるらしい。

長渕さんのお気に入りは金ぴかのドクロの付いたシフトレバー。それと七色に光るクリスタル灰皿。

外装は龍や虎といった強そうなモチーフのイメージがあるが、そちらも実に多彩で日本画以外にアメコミ、宗教画などもある。

内装は自由になるが、外装はそうもいかないらしい。勿論、お金も相当に掛かる。時代的に、いかついイメージを持たれることで商売上の損をすることも多くなってきていた。

「小金も貯まってきたことだし、塗装のイメチェンをしたくなってな。そもそも俺ぁ本当はよ、プレイボーイとかペントハウスのピンナップをやりたかったんだ。後ろ走る車がよ、たまらねえだろ。『俺にとっちゃこれがマリア様なんだ』って言ったが、どうも板金屋のオヤジぁ『勘弁してくれや』ってなって……」

揉めに揉め、結局北斎の富士山画に落ち着いた。東海道をメインに走る長渕さんであったから、悪い選択とは思わなかったのだが。

「……まぁ、出来はよかったよ。俺は気に入った。でも、それでも何ていうか、主役がいねえなっていうか」

モチーフを欠いた、ということだろうか。そもそも北斎の絵とトラックの横っ面とでは縦横比も異なる。

そこで彼は、トラックの後部には似合いの女を描いてくれと雑にオーダーした。

深夜、長渕さんは新名神高速を大阪方面へ走らせていた。

いつも通り、途中のパーキングエリアにトラックを入れると、幸い空いていたスペースに滑り込んだ。季節外れに冷たい外の夜気を吸い、さあ夜食を選ぶぞと売店に向かう途中、同業者らしき別の初老の男に呼び止められた。

ごま塩頭で、職人の棟梁《とうりょう》か、さもなければ——といった風体だ。

男は、長渕さんに「あんた、あのデコトラの人だろ。今、そこに車入れた……」と言う。

因縁に違いない――長渕さんは身構えた。駐車位置か場所が気に入らないなどと諍《いさか》いを吹っ掛けられたと思ったのだ。

しかし男は、感心したような顔で頻りに「かっこいい」「色気がある」と長渕さんのトラックを褒める。

男は「自分もやりたい」「幾ら掛かるんだ」などと言いながら便所にまで付いてきた。

長渕さんは警戒しつつも質問には手短に答えた。

夜食を選ぶ間、ふと男の様子を見てみるとやはり何か違和感がある。

長距離ドライバーをしていると、どうしても身体の右側だけが日焼けしてしまうものだ。

話からすると男も同業者のようなのだが、この男にはそれがない。

「何かおかしな爺だなと俺は思って話してる訳よ。まぁ、車褒められるのは悪い気もしないしさ、ウンウンってこっちも頷いてたんだが」

だが、聞いていると話のそこかしこにおかしな点が出てくる。

「どーも長いことムショ暮らしだったらしいんだよねぇ。何やったか知らねえけど。近々まとまった金が入るから、トラックを派手に化粧して一旗揚げたい、とか」

そのうち、男はこう言ったのだそうだ。

「『いやあ、おいらもお兄さんみてえに、あんな別嬪《べっぴん》さんを横っ面に入れてえよ』って。俺は『ン?』ってなって」

人違いならぬデコトラ違い——そう長渕さんは思ったのだそうだ。

長渕さんのトラックの側面におわすは富士山で、〝別嬪さん〟はいない。

かといって、散々褒められた後で『それ俺のじゃねえ』とも言い難い。そういうところで意外と繊細な長渕さんは、夜食の袋をかっさらい、話を切り上げて車に戻った。

深夜であるから駐車場は暗い。しかし外灯はあちこちにあって、奥まったところに自分のトラックの頭が見えた。

ところが、ふと振り向くとさっきの男もこっちに付いてくる。

聞けば、長渕さんのトラックの隣に駐めているらしく、これではいよいよ勘違いがばれる訳だ。

今更気にしても仕方がないと、長渕さんはまっすぐ自分のトラックに向かい、こちら側に頭を向いた運転席に乗り込もうとする。

同じくこちらに向いた隣のトラックとの間に滑り込んだ、そのとき。

「あ——」

背後から、間の抜けた、それでいて妙に詰まった声が聞こえた。不意に首でも絞められたような声である。

やっと勘違いに気付いたか——そう思ってその男のほうをチラリと振り向くと、男は、トラックでも長渕さんでもなく、駐車中のトラックとトラックの間を指差し、停止している。

思わず長渕さんも振り向くと、隣り合うトラックの最後部が作る隙間——その縁から、何やら大きな丸っこい影が、ヌッと顔を出していた。

比喩ではない。

丸みを帯びた細面の輪郭、はっきりした長い眉、口元を袖で隠した、それは巨大な顔だ。

丸髷《まるまげ》のように結った髪の上に、どっさりと大ぶりの髪飾りを載せている。

頭だけでひと抱えもあり、車両の間をまるきり塞いでしまうような影。

だが、厚みがない。

まるで巨大な書き割りのような顔が、トラックとトラックの間からこちらを見ていた。

振り返ると、さっきの男は声を上げて逃げていった。

「——俺もぶっ魂消《たまげ》たが。俺からするとよ、見覚えのある顔なんだ」

その女は、長渕さんのトラックの後部に描かれていたものだ。ならば、リヤドアを全開にすればそういうふうに見えただろうか？

「いいや、そしたら輪郭は丸く見えねえよ。あんなふうに、女の姿だけ浮き上がるようには見えねえ。確かめたけど、リヤはちゃんと閉まってたし」

例の男が逃げ去り、長渕さんが振り向いたときには巨大な人影は消えていた。

男が駐車したときには、その〝別嬪さん〟はトラックの側面に張り付いていたのだろうか。

ところで、長渕さんはそれでどうしたのだろうか。

「俺？　俺はどうもしねえよ。弁当食い終わって一服してたら――」

あの男が戻ってきたのだそうだ。

男は、慌てた様子で一瞥《いちべつ》もくれずに隣のトラックに乗り込み、そのままＰＡを出ていった。

「俺はもっと休むつもりだったんだけど、その爺の様子見てから、何かヤバい気がしてきちゃって」

男の取り乱した様子に煽られたものだろうか。

長渕さんも、いても立ってもいられなくなって、運転席に座ってもどうしても目がバックミラーを見られないことに気付く。

「ヤバいと思ったけど、長くそこにいるとどんどん悪くなる気がしてさ。もう動きだした訳よ」

走ったほうが気が紛れると思った訳だ。

ＰＡから本線へ。夜の高速にしては流れが悪い。

視線が自然とバックミラーへ向かうが、後方を確認する前に頭を振る。

運転できるコンディションではない。

そしてＰＡを出て間もなく——。

「さっきの爺のトラックがよ、傾いて脇に転がってたんだ。少し先に別のトラック——しかもデコトラが停車してて。追い越しか何かで、そいつが横からぶつけた感じだな。当たったばっかかみたいでさ」

長渕さんは、その脇をゆっくりと慎重に通り過ぎた。

「無事かどうかは知らねえな。確かめもしなかったよ。寝覚め悪いだろ。変な爺だと思ったけど、少しは話もしたんだから」

後日、長渕さんが業者に確認したところ、トラックの後部に描かれた女は広重の東海道五十三次の鈴鹿御前であったと聞かされた。

鈴鹿御前は鈴鹿山の鬼であったとされる。盗賊として暴れまわったが、田村将軍に打たれ、人として生まれ変わったのだと伝えられている。

「今じゃ東海道の守り神みたいになってる、縁起ものだって言われたけどよ……」

一方、彼には他に気にしていることもある。

ほんの僅かに見た事故現場の様子だ。

「あのとき、爺に当たったあのデコトラな。通り過ぎるときにちらっと見ただけだと……

俺のと似たような女の絵が描いてあったような――」

都心の邂逅

妖《あやかし》との邂逅といえば、日本の原風景的村々や静まり返った山奥での、辺りに当人以外に人がいないといった閑静な環境を想像しがちだが（少なくとも筆者にとっては）、又吉さんは都内の朝の通勤ラッシュ時の車内という、一際喧騒な場にてその手の類いと出会したという。

それは又吉さんが毎日のように通勤で利用している地下鉄Y線内。

又吉さんの勤務先は江戸川橋なのだが、その途中の停車駅、池袋でどっと人の入れ替えが起こる。

八割近い人々が池袋で降車し、その降車した数プラスアルファの人々がまた新たに乗車する。

妖はこの新たに乗車してきた人混みの中に紛れていた。

乗降を終え、池袋駅を離れて数分が経った車両内。電車では健康を考え、たとえ座席が空いていようといつもつり革に掴まり立っているという又吉さんの肩に、その隣に立つ人物の肩が何度もゴツンゴツンとぶつかってくる。

少しムッとして横目でその人物を見やれば、それは身長百七十六センチの又吉さんとほぼ同じ背格好の大柄な女性である。

これから葬儀にでも出向くかのような、真っ黒な上着とスカートのセットアップ姿。

そんな服装よりも更に目を惹くのは、女性の胸元くらいにまで伸びたボリューミーなストレートの黒髪だった。

俯き加減で頭を垂れて立つ姿勢の影響もあるのだろう。

その毛量が故、黒髪がベールのようになって女性の顔を覆い、横からではその表情が全く窺い知れない。

女性だったこともあり多少怒りが収まりつつあった矢先、またも又吉さんの肩口にその女性の肩が当たった。それもこれまで以上に強いぶつかり具合で。

流石にイラッときた又吉さんは、それでも周囲の人の注意を惹かないよう努めて声を抑え気味にして、

「ちょっとぉ。さっきからあなたの肩が何度も私の肩にぶつかってますけど」

と、隣に立つ女性の耳元に囁《ささや》くようにして文句を付けた。

すると女性の、黒髪に覆われた頭部がぐぐっと又吉さんのほうを向いた。

そしてその体型に反するか細い指先でゆっくりと自身の黒髪をかき上げる。

そこには目も鼻も口もない、白く不健康そうなのっぺりとした肌だけがあった。

よくよく見れば、その肌の至る所にはちょろちょろと長さ一、二センチ程度の無数の毛が生えていた。それはさながら成人男性の青白い太股を覗き見ているようだったという。


又吉さんがこのとき、喉元まで出かかった悲鳴をどうにか押し殺すことができたのは、いつも以上に混雑気味で殺伐としていた車内の雰囲気に拠るところが大きい。

すぐにその女性の顔から視線を逸らした又吉さんは、以後は江戸川橋駅に着くまでの数分間、一度も横へ目を向けるようなことはせず、その場で身を固くしながら過ごした。

その間も何度もゴツンゴツンと女性の肩がぶつかってきたが、勿論もう注意をする気など起きなかったという。


更に又吉さんがギョッとしたのは、その日の帰りのことである。

午後七時過ぎ着の電車だった。

江戸川橋駅に着いたその電車内に一歩足を踏み入れた瞬間、すぐにその存在に気付いた。

こちらに背を向けた格好で、今朝のあの髪も服も黒の大柄な女性が立っていた。

又吉さんはすぐに踵《きびす》を返し、他の車両へと移動した。

この日以外、その女性（の姿をした妖）と出会ったことはないとのこと。

大頭

紗和が「それ」を見たのは、小学校の低学年くらいの頃だろうか。

当時住んでいたのは、公園や駐車場ではなく畦《あぜ》や畑が遊び場になっているくらいには長閑《のどか》な田舎だ。

いつものように近所に住む子供達と畦で遊んでいたときのこと。最初は刈り入れの済んだ田圃で稲穂から落ちたのであろう籾《もみ》を拾い上げたりしていたのだが、一緒に遊んでいた幼馴染みが畑の側に移動したので後を付いていく。興味は畦に咲く野花を摘《つ》むほうに移っていた。

広い道路の向こう側、何かがこちらへ向かってくる。田舎といえどもそれなりの地方都市の郊外だ。車の往来も相応にある。普通に考えればトラック等の大型車両だろう。その距離は大分遠く、まだ黒い点にしか見えないが。

それに背を向けて野花を摘む作業に勤《いそ》しむ。一緒に遊んでいた幼馴染みに摘んだ花を見せようと立ち上がった。視界の端に捉えたのは先程の黒い点。

覚えた違和感に振り向いた。交通量は少なくないとはいえ、そこは田舎道。子供が遊ぶ畦を進む車はあまりスピードを出さないのが普通だ。それがもう畑二つ分先には来ている。それにトラックにしては大きさがおかしくないか。

何より、聞こえるはずの走行音がない。静かに、しかも尋常ではないスピードで迫るそれの全体の形をぼんやり認識して、すぐに視線を反らした。

紗和の祖母は「祓い屋」だった。知る人ぞ知る、という奴だ。その資質を色濃く継いでいるからか、今までの経験上紗和は知っている。

アレは「直視してはいけないモノ」だ。

いいや、正しくは「気付いていると知られてはならない」といったほうが良いか。何故かは知らないが、アレらの目的は「存在を認知される」ことなのだから。

さり気なく道のほうが見えるように再び畦にしゃがみ込む。いざとなったら畑の中に逃げ込める位置だ。花を摘む振りをしながら視野の端で観察する。

トラックや大型車両とは似ても似つかぬモノがいた。

成人男性と思われる身体に、畳一枚分はあるだろう頭が載っている。頭髪はなく、全身が真っ黒で何を着ているのか、どんな顔をしているのかは判別できなかった。それが車より速く音もなく道を進んでくる。

『ううううう……』

聞こえるその小さい呻きは動物の唸り声に似ていた。そんなものが聞こえるくらいだから、距離は大分縮まっている。隣の畑半分くらいまで来ている。

近付いてきたそれを避けるために畦から更に用水路を飛び越える。

「あっ」

その拍子にポケットから先程拾った籾米が零れて落ちた。

耕作された土を踏まないよう畑の中に慎重に足を下ろす。用水路の縁の雑草が生えている部分を歩くようにしながら、畑の向こうにある神社との距離を測った。危なくなったら神社に駆け込むつもりで。

花を摘む振りをしながら、自然に見えるよう用水路の端を神社に向かって歩きだす。不意にそれまであった喧騒が聞こえなくなった。音が——消えた?

幼馴染みがいたはずの、道路を挟んだ向かいの畑を見る。

『お゛』

「————!」

思わず息を呑む。すぐ目の前にそれがいた。

ぬるりとした質感の顔。目も鼻も口も、その凹凸すらない。それどころか、顔の中心にはぽっかりと穴が開いている。木の虚のような真っ黒な穴からは風が吹き出していた。

『お゛あ』

——あ、ヤバい。

さっきまでは獣のように唸っていたのが、何かをこちらに向かって発しようとしている。聞いてはいけない。瞬時にそれだけは強く感じた。

何も見えてないふうを装って横へ視線を流す。向こうの畑で遊んでいたはずの子供達の姿はない。一度しゃがんで足下の花を摘む。

『あ゛お』

その間も大頭は何かを発しようと呻いている。風が頬を撫でた。気付けば、風を吹き出していたはずの大頭の顔の穴は、今度は周りの空気を吸い込み始めている。

『お゛あ』

ピョン、と横に飛んでそこにあった花に手を伸ばす。そうやってじりじりと必死に神社との距離を詰める。

——早く、早く。逃げなければ。アレが意味のある言葉を発する前に。

『んんんんんんっ！　んんっ！　んおあああああ』

先程より音が鮮明になった。ペットの鳴き声が人間の言葉を喋るふうに聞こえる動画をネット等で見かけることがあるが、そうは言っても「獣の鳴き声」には違いない訳で、人間の声とは明確に違う。ああいうものとは違って、大頭の発している「音」は「獣の鳴き声」から確実に「人の声」に変化していた。

粟立《あわ》つような落ち着かなさに所在なくポケットを探る。水路に落とした籾米の残りが指に触れた。その数粒を握り込み、目の前の大頭に投げ付けて紗和は一気に走りだした。

『んんんっ！　んおああ！　んお、おああああああああ！』

追いかけてくる。だが、水路を越えてはこない。越えないのか、越えられないのか。

早く早く早く。神社の中に入らなきゃ。

アレに捕まっても、アレが喋る声を聞いても駄目だ。

『んおあああああああ、ああ、あああああ』

「わああああああああああああああああああああ！」

大頭の声を自分の声で打ち消すように。アレの声を聞かないように大声で叫びながら走った。

もうすぐ。もうすぐだ。水路を越えて、畦を走って、細い砂利道を越えたらすぐそこが神社。小さな稲荷しかない、小さな鎮守の森の中。

『んおあああああ……ああ……あ……』

木製の古い鳥居を潜り抜け、振り返った目と鼻の先。大頭のぽっかり開いた穴があった。

『あああああ――んげたれた』

不意に音声が明瞭になる。

『んげた』

ただ、息を殺す。

『いない』

はっきりと意味を成した音。反射的に口を押さえた。

『んげられた』

叫びだしそうになるのを必死に堪える。

――バサバサッ。

鳥居の脇の木から、飛び立つ鳥の羽音。風で木の葉がざわめく。遠くのエンジン音。子供の声。音が――戻ってきた。

『いな――られた――ない――られた』

大頭の声が段々遠ざかっていく。

「さぁちゃん、足、凄い怪我してる!」

幼馴染みが慌てたように畦を駆けてくる。大頭は幼馴染みには微塵も興味がないようで、そちらへ意識を向ける様子もなく細い砂利道の先を曲がって見えなくなった。

幼馴染みが心配そうに傍にしゃがみ込む。視線に釣られて見た自分の足は、打撲したように膝から下が青黒く斑《まだら》に変色していた。一週間程、痣《あざ》は消えなかった。

辻の影

安倍さんという女性の方から聞いた話になる。

彼女は普段の通勤には、父親の軽自動車を使っている。早く自分の車が欲しいが、まだ貯金が心許ないので、踏み切れずにいる。

ある朝、彼女は出勤途中に農道を走っていた。両脇は田圃だ。舗装はされているが、そこまで広い道ではない。時々は農業用の車両を気にする必要もある。それが嫌なら県道まで出ればいいのだが、そちらは渋滞もするし、信号待ちでもたつくのが気に食わない。そのような訳で、彼女は普段から近道代わりにその農道を使っていた。

家を出てすぐに農道に入る。

一本道を走っていると、幾つ目かの四辻で、対面から黒い大きなものが猛スピードでやってくるのに気付いた。

何が何だか分からなかったが、兎も角必死にそれを避けようとして、乗っていた軽自動車を田圃側に脱輪させてしまった。

しまった！　これは父の車だし、すぐに家族に連絡しないといけない。それより先に警察かしら？　それとも保険会社が先？　ああ、レッカー車を手配しないといけないかも――。

時間は刻一刻と過ぎていく。このままでは仕事に遅れてしまう。

車の脇でどうしようどうしようと焦っていると、偶々近所に住んでいる田辺さんという
おっちゃんが、自転車で通りがかった。

「おや、安倍さんとこのお嬢ちゃんじゃない。こんなところでどうしたのよ」

彼は泣きそうになっている安倍さんと、脱輪した車を交互に見た。

「あー。車落としちゃったんかー。困ったなこりゃ」

自転車から降りると、田辺さんはそれを車の脇に置いた。

「ああ。これ軽かー。軽なら、わし一人で持ち上げたるわ」

返答する間もなく、田辺さんは、ずかずかと田圃に入っていく。

――え、一人で何をしようっていうの？

安倍さんが動揺していると、彼はサンダルを泥だらけにしながら、車を持ち上げてくれた。軽自動車とはいえ、六五〇キログラムはある。四分の一だとしても、一六〇キロ以上ある。安倍さんから見たら信じられない怪力だ。

何度もお礼を言うと、〈御近所のよしみだし、いいってことよ〉と言ってくれた。

「でもなー。一応念のために平井さんとこに行って、下とか擦っていないか見てもらった

ほうがいいよ。ガソリンとか漏れてなくてよかったよ。田圃駄目にしちゃうと大変なことになるからね」

平井さんというのは、知り合いのおじさんが一人でやっている小さな整備工場だ。

「田辺さん、足泥だらけですけど」

「洗えばいいから。いいっていいって。平井さんとこだからな。必ず持ち込めよ」

田辺さんはそう言い残すと、自転車に跨《また》がって、さっさと帰ってしまった。


安倍さんは急いで仕事場に向かい、一日仕事を終えて無事に家に帰った。朝のこともあったので、流石に帰りは県道を選んだ。

道中、やたらと車の中が煩い。車のフレームを手で叩いているような音が響く。

――この音はきっと事故のせいだよなぁ。エンジンの部品がずれちゃったりして、変な音してるのかなぁ。

修理に幾ら掛かるか分からない。貯金の残高が頭の中をよぎる。

翌日、田辺さんに言われた通りに、平井さんの工場に車を持ち込んだ。

「あんたこれどうしたの。下、泥だらけじゃないの。田圃にでも突っ込んだんか」

安倍さんが顔を赤くして、はい、そうなんですと小声で言うと、平井さんは笑った。

「それじゃ、ちょっと上げさせてもらうね」

油圧リフトに自動車を乗せ、リフトアップする。

すると、車の下に、無数の泥の手形と、指で押したような凹みが幾つも付いていた。

平井さんは急に真顔になった。

「安倍さんさ、これ――何処でやったの？」

四辻の場所を告げる。すると、平井さんは納得したような顔を見せた。

「あー。あそこかぁ。そっかぁ。そんじゃさぁ、次は天井も見せてもらうね」

車の天井にも、四本指の手形をした凹みが無数に付いていた。

それを見て安倍さんが絶句していると、平井さんは頭を掻きながら言った。

「あのさー、見たよね。悪いこと言わないから、この車もう乗るのやめたほうがいいよぉ。あの田圃のところ、時々悪いものが通るからさぁ」

安倍さんからは、その車は廃車にし、新たに中古の軽を買ったと聞いている。

スモモ

数年前、由乃さんは高校を卒業した後、フリーターをしていた。

その頃に付き合っていた、由乃さんの彼氏についての話を教えてくれた。

彼氏は由乃さんよりも年上の大学生で、名前をエイジといった。

由乃さんがバイトしていた居酒屋に、エイジを含む学生グループがやってきて彼女に声を掛けたのが、付き合うきっかけになったのだという。

エイジの実家はかなりの金持ちで、彼自身は所謂放蕩息子だった。

実家からの援助のおかげで、エイジは学生の癖に一人で良いマンションに住み、高級な国産車を乗り回していた。

その頃、両親との仲がぎくしゃくしていた由乃さんは、エイジと付き合い始めるとすぐに彼のマンションに入りびたり、半同棲のような生活を送っていたという。

付き合っている若い男女が、一つ屋根の下で暮らせば勿論、性行為が発生するのが自然な成り行きだ。

特にエイジは性欲が旺盛で、頻繁に由乃さんの身体を求めてくる。

由乃さんもまあ、嫌いなほうではなかったのでそれ自体は問題なかった。

しかし、エイジには奇妙な性的嗜好《しこう》があった。

それは行為中に由乃さんの眼球を直接、舌で舐めてくるのだ。

由乃さんは勿論、そんな不衛生で変態的な行為を最初は拒否した。

しかしエイジは由乃さんに対し、ベッド上で土下座をしてまで、目玉を舐めさせてほしいと懇願してきたのだ。

目玉を舐めないと「本気になれない」のだと。

エイジは由乃さんの目玉を舐めるために行為前には念入りに自分の歯を磨き、低刺激性のマウスウォッシュで口内や舌を消毒する。

そして行為が終わった後は、用意した高い目薬で由乃さんの眼球のケアをする徹底ぶりだった。

由乃さんはエイジに、何故そこまで目玉舐めに執着するのかと訊いてみた。

するとエイジは前の彼女が、彼の目玉を舐めるのが好きだったらしい。

同時にその元カノは、自分の目玉をエイジによく舐めさせていたという。

エイジは元カノとお互いの目玉を舐め合っているうちに、男がフィニッシュするのとはまた違った、強い快感と高揚感を覚えるようになったのだ。

「だから由乃も是非、俺の目玉を舐めてくれ」

エイジは卑猥《ひわい》な顔で由乃さんを誘うが、それだけは断固として拒否した。

由乃さんは目玉舐めのせいで、何度か別れようと考えたこともあったが、それを除けばエイジは放蕩息子のわりに、基本的に優しくて気の利く男だった。

またその当時、家賃は勿論日々の生活費まで、ほぼ全てエイジに依存していたのも、すぐに別れられない理由でもあった。

そして、行為のたびにエイジに舐められていた由乃さんの目玉は、運よく眼病などには罹《かか》らなかったそうだ。


由乃さんがエイジと付き合い始めてから、一年近くが過ぎた頃、二人は完全な同棲状態になっていた。

またその時期、エイジは元カノからの電話やメッセージに悩まされていた。

元カノは、例の目玉舐めをエイジに覚えさせた女だった。

しかし、元カノの要求は復縁ではなく「目玉が痒くて仕方がないので、また舐めてほしい」という内容だった。

その内容を聞いてゾッとした由乃さんは、自分の片目を押さえながら、

「ヤバいよ、その女。警察に言ったほうが良くない？」とエイジに忠告したが、彼は何故か震えたまま曖昧な返事しかしなかった。

それから数日後、午前中のバイトを終えた由乃さんがマンションに帰ってくると、大学に行ったはずのエイジがリビングのソファーで寝ていた。

「今日、大学は？　出席日数が危ないとか言っていたくせに」

だがそんな由乃さんの問いにも、エイジは目の辺りに腕を乗せて寝転がったまま、「あぁっ」と力なく返事をするだけだった。

「最近、元気ないね。やっぱりあの元カノのせいでしょ」

「うるせえなぁ、関係ないだろ」

エイジはぶっきらぼうにそう答えると、由乃さんに背を向けてしまった。

呆れた由乃さんは、着替えをするために自分の部屋に行った。

そして着替え終えた由乃さんがリビングに戻ってくると、ソファーで寝ているエイジの上に知らない女がのしかかっていた。

それだけでも驚きなのに、二人の姿がどうも異様だった。

由乃さんが警戒しながら観察すると、エイジと女の顔はくっついていた。

寝たまま、向かい合ってくっついた二人の顔は肌に境目が全くなくて、完全に一体化していた。

喩えるなら粘土でできた立体的な二つのお面を、正面から強くぶつけて無理矢理結合させ、デコボコした部分を綺麗に整えたような状態だった。

「えっ、何？　ナニ？」

由乃さんは突然、視界に飛び込んできた異様な状態の二人を見て、パニックを起こし、そのまま硬直してしまった。

ぴちゃぴちゃぴちゃ――。

聞き覚えのある音が響く。

それは、くっついたエイジと女の顔の中から聞こえてきた。

「二人とも目玉、舐め合っている⁉」

由乃さんは直感的にそう思い、悍ましさに震えた。

結合した二人の顔は「ぴちゃぴちゃ」と音を立てながら微かに震えていた。

恐ろしくなった由乃さんは、すぐさまスマホと財布の入ったバッグを掴むと慌ててマンションから逃げ出した。

その後、由乃さんは人のたくさんいるショッピングモールに行き、フードコートでアイスティーを飲みながら、先程までの出来事を整理しようとした。

「幻覚や見間違えではなく、エイジと女の顔は完全に一体化していた。でも、あんなことが普通の人間同士で可能なはずがない。そもそも、あの女は一体誰なの……？」

だが、由乃さんは薄々気が付いていた。

顔こそ見えなかったが、あの女がエイジに目玉舐めを教えた元カノだろう。

由乃さんは、スマホで友人達に助けを求めようとも考えたが止めた。

「誰がこんな話を信じてくれるというの」

由乃さんが一人、頭を抱えていると、エイジから電話が掛かってきた。

「ごめん、何か目が……瞼《まぶた》も含めておかしいんだ」

スマホの向こうで、エイジが帰ってきてほしいと苦しそうに訴えてきた。

本当は帰りたくなかった由乃さんだったが、やはりエイジのことは心配だし、幾つもの荷物をマンションに置いたままだ。

由乃さんは勇気を出して、マンションに戻った。そしてリビングに入ると、エイジが目を閉じたままソファーの前で立っていた。

先程、エイジと顔が一体化していた元カノの姿は見えない。

「目が本当に……おかしいんだ」

エイジは小さな声で呻き、由乃さんを探すように両手を前に出す。

「瞼が開かない……何も見えない。そして目が凄く痒いんだ」

由乃さんはエイジと一定の距離を取りながら、「病院、いや救急車呼ぼうか？」と怯えながらも話しかける。

「駄目だ、痒すぎる!!」

エイジは突然、自らの手で瞼の上から目を掻きむしった。

すると両方の瞼が開き、そこからドロッとした赤黒いモノが床にボタボタッと流れ落ちる。それは腐った血肉の塊のようだった。

更にエイジの両眼球は、駄菓子屋で売っているスモモ菓子のように真っ赤に染まっていた。

「ああ、見えるようになった。でも、赤いフィルム越しみたいに真っ赤なんだ。部屋の中も、君の姿も」

赤い眼球のエイジは、そんなことをぶつぶつと呟きながらフラフラと由乃さんのほうに近付いてきた。

由乃さんはそんなエイジに対して「ごめん、やっぱり無理」と叫ぶと、再びマンションから逃げ出した。

その後、由乃さんはエイジのマンションには二度と戻らなかった。

住む場所を失った由乃さんは、実家に帰って両親と和解したという。

スマホや財布、保険証等の本当に必要な貴重品などは、バッグに入れて持ち帰ったので
それほど困らなかったそうだ。

お気に入りの服やアクセサリー等は全部、エイジのマンションに置いてきてしまったが、
由乃さんはとてもじゃないが取りに戻る気にはなれなかった。

それにどうせそれらは、エイジに買ってもらった物ばかりだった。

またマンションから飛び出した後は、エイジからは何の連絡もなかった。

「あの後、共通の友達から聞いたのですが、エイジはあの目玉舐めの元カノと復縁したんです。実際、私自身も二人を目撃しました」

実家に戻った由乃さんがその後、駅ビルでケーキ屋のバイトをしていると、仲睦《むつ》まじく並んで歩くエイジと目玉舐めの元カノを目撃したという。

元カノの外見はエイジからよく聞かされていたから、間違いなかった。

「私が見る限り実際の目玉舐めの元カノは、少し痩せ気味なもののごく普通の女性でした。ただエイジも元カノも、似合わない大きめのサングラスを掛けていたのがとても目立っていましたね」

由乃さんは気味が悪そうに、自分の目を軽く押さえながら話を終えた。

現在、パティシエの専門学校に通う由乃さんは、そこで新しい彼氏を見つけて交際中だという。

勿論、その彼氏は目玉など舐めてこない。

つちむし

——つちむしがさあ、盲腸に穴を空けるんだよ。
——畜生、だから猫は雨宿りもできないし、パパイヤはつちむしの匂いがするだろ？
——ノブナガもシンゲンもつちむしには敵わないから。
——それで会社の奴ら、全員、つちむしを飼ってやがるんだ。

精神を病んでからというもの、亮一さんの兄はそんな意味不明なことをぶつぶつと呟きながら、よく往来を彷徨いていたそうだ。
同僚とのW不倫が明るみに出たことで妻から三下り半を突き付けられ、会社にも居づらくなった兄の精神は、自業自得とはいえ少しずつ磨耗してゆき、遂には日常生活を送るのもままならない域に達してしまったのだ。

——つちむしって目がないじゃん？　足も遅いし、不細工だし。
——でもさあ、寝てる間に口に入ってくるから、つちむしからは逃げられない訳。

——小さい頃にどんだけ牛乳飲んでもねえ、意味ないんだ、つちむしには。

——ああもう、地獄で独楽《こま》でも回してろこのつちむし。

つちむし、つちむし、つちむし、つちむし、つちむし、つちむし、つちむし、つちむし。取り留めのない譫言《うわごと》と思いもするが、そこには必ずそんな奇怪な言葉が含まれていたのだという。

ある日、亮一さんは兄の部屋の前で小さな虫を見つけた。

茶褐色の身体に無数の脚を持つゲジゲジのような虫である。

胸騒ぎを覚えた亮一さんが兄の部屋のドアを開けると、壁と言わず床と言わず、至る所にその虫が蠢いていて彼は悲鳴を上げた。

リビングにいた母を呼び戻ったときにはあれだけいた虫の姿は影も形もなく、その日以来、兄は今も行方不明のままである。

蟻浴

「お父さーん！　ちょっと、早く早く！　見てよ、アレ」

秋らしく爽やかなそよ風が心地良い、とある休日の昼下がり。

小暮さんは奥さんの呼び声で読書を中断すると、居間へと向かった。

小暮家の居間は小ぢんまりとした庭に面しており、手入れが行き届いていたせいか、広く見通すことができる。

「ほら、あそこにカラスがいるじゃない。どうしてかしら、ずっとあそこにいるみたいなの。困ったわねェ」

恐らく病気か何かで間もなく死んでしまうのではないのか、と彼女は考えているに違いない。

文庫本を読むために外していた眼鏡を掛けると、目を皿のようにしつつ、庭に佇んでいるカラスをジッと見つめた。

初めの内はあの状態のまま息絶えているのではないかと思った。何故なら、羽を広げた状態で微動だにしなかったからである。

だが、目に力はあるし、嘴も小刻みに動いているような気がしてならない。

そしてよく見ると、カラスの全身に、蟻らしきものが大量に付着していた。

「あ、あれかァ。うわ、初めて見たよ！」

小暮さんは少々気分を高揚させながら妻にそう言うと、穿《は》いていたズボンのポケットからスマートフォンを取り出すと、何枚か撮影してみた。

「ええっ、なになに。一体、どういうことなの？」

小首を捻る妻に向かって、彼はその理由を説明し始めた。勿論、昔読んだ本で得た知識にすぎないが。

「あれはなァ、蟻浴っていうんだよ。蟻の字に浴びるの浴で、ギヨク」

カラスやムクドリなどは、蟻の巣のすぐ側に佇んで、身体中に蟻を集《たか》らせる習性があり、それを蟻浴という。羽に付着しているダニ等の寄生虫を減らしたり、細菌類を抑制するために行っているのではないかと言われているが、勿論定かではない。

「いやァ、まさかこんな所で見られるとは思ってもみなかったなァ。アレって結構……」

そう言いかけたところで、言葉が詰まった。

何故なら、目の前で繰り広げられる光景に、何やら不審な点が見えてきたからである。

「……何だ、ありゃァ？」

地面の上で羽を広げているカラスの下部に、次第に朱っぽい水滴が付着していく。

ひょっとして、集っている蟻が噛んでいるのであろうか。

しかし、カラスは痛がる素振りを微塵も感じさせず、時折嘴を小刻みに震わせながら、両の眼は一心に虚空を見つめている。

やがて血の混じった羽が一枚、そしてまた一枚と地べたに落ちていく。

そして、一瞬だけ身体を揺らしたかと思うと、羽が一枚残らず全て落下した。

と思ったその瞬間、首だけがボロリと落ちた。その断面からは真っ赤な血が溢れ出ており、何かで切り取られたかのようなギザギザの切り口を垣間見せている。

「ひっ！　身体は何処へ行っちまったんだ？　まさか喰われたのか？」

そう思った瞬間、先程までカラスのいた場所の地面が、いきなり盛り上がってきた。

それとともに夥《おびただ》しい数の蟻が湧き出たかと思うと、いつの間にか盛り上がった地面には、全長三十センチ程度の真っ黒な塊が落ちていたのだ。

側に立っている妻が勢い良く尻餅を付いたのか、甲高い悲鳴とともに廊下が少し揺れた。

だが、今はそれどころではなかった。目の前の光景から、視線を逸らすことができない。

その塊は、醜悪、の一言であった。不気味かつ不規則に表面が脈打っており、更にはびっしりと皺《しわ》で囲まれている。

鐵の隙間からは夥しい量の蟻らしきものが次から次へと湧き出ており、それらが塊の表面と哀れなカラスの残った部分にびっしりと集っている。

突如、塊の真ん中の辺りが急激に凹んだかと思うと、その部分がパッカリと割れて、真っ赤な部分が露わになった。

『まるで口の中みたいだったんですよね。ええ、真っ赤な』

夥しい数の蟻達はまるで塒《ねぐら》にでも戻るかのように、その口腔内らしき部分へと一斉に入っていく。

そして頃合いを見計らったかのように殆どの蟻を収容するなり、口を閉じて真っ黒な塊へと戻った。

やがて、見た目とは裏腹な俊敏な動きで、物凄い速度で地中へと戻っていったのである。

その光景を居間から見守っていた二人を何処かへ置き去りにしながら、小ぢんまりとした庭は何事もなかったかのように日常へと戻ったのである。

哀れなカラスの首を除いては。

猫捕りの印

小学生の娘を持つ久留米さんは、自宅を拠点として半径数キロ以内で、猫のＴＮＲ活動を行っている。

ＴＮＲ活動とは捕獲器等で野良猫を捕獲（Trap）し、不妊又は去勢手術（Neuter）を行い、元の場所に戻す（Return）ことである。

外で生きなければならない猫達には、過酷な現実が待っている。

十五年程度は生きると言われている家猫に比べて、野良猫の寿命は一般的に三年程度と言われている。

理想としては全ての野良猫を捕獲して、終生安心できる家の中で過ごさせてあげたい。

しかし勿論、そんなことは夢物語にすぎないと十分に理解している。

そこで人慣れする可能性のある仔猫等はできる限り飼い主を探してあげて、人慣れしていない成猫達には去勢・不妊手術をして、元の場所に放すのである。

中には麻酔に耐えられなかったり、重篤な症状を発症して死に至る猫も当然現れる。

しかし、それでも不幸な猫をこれ以上増やさないためにも、そして生まれて間もない命が交通事故やカラス等によって惨たらしく失われることを減らすためにも、誇りを持ってこの活動を行っている。

勿論金が掛かって仕方がなかったが、夫の理解も得ていたし、最近はＳＮＳを介してそこそこの額の寄附を頂戴することもあり、苦労しながらもやりくりしていた。

鬱陶しい梅雨時にも拘らず、殆ど雨が降らずに蒸し暑さだけが日に日に増していた、ある日のこと。

ついこの間保護したばかりの仔猫達にミルクを与えていると、玄関のチャイムが鳴った。

玄関先には、何処かで見かけたような気がする、自分より少々年上らしき女性が立っていた。

「あのう、祥子ちゃんのお友達の、良美の母です。実は折り入ってお話があるんですけど……」

何処かで見たような気がしたが、それもそのはず、娘の友人の母親であった。

久留米さんはにっこりと笑いながら訪問者を家の中に招き入れようとした。

しかし彼女は首を左右に振りながら、こう言った。

「いえいえ、ここで大丈夫ですよ。そんなにお時間は取らせませんから……」

ミルクを与えている途中だったことが少し気にはなったが、短時間ならば問題ないであろう。

「ええ。どうぞどうぞ。何でしょうか」

そう促すと、良美ちゃんの母親は神妙な顔つきで話し始めた。

「……実は……この辺りに、猫捕り業者が現れるらしいんです」

「猫捕り業者、ですか？」

「ええ。あれは絶対にそうです」

話を聞くと、彼女はどうやら「餌やりさん」と呼ばれる、野良猫に餌をあげている人であった。

しかも一人ではなく、御近所さん数人と協力して、道端に欠かすことなく餌をばら撒いているとのこと。

「うちの近くの猫ちゃんはね、みんな幸せなのよ」

あっけらかんとそう宣《のたま》う様子に、久留米さんは思わず顔を顰めた。

〈幸せな訳、ないじゃん〉

外で生きていかざるを得ない猫達がどのような目に遭っているのか、この人は明らかに理解していない。

元々久留米さんは、所謂餌やりさんに対して、あまり良い感情を持っていなかった。

今まで会った餌やりの人達の印象があまりにも酷すぎたからかもしれない。

彼らは、猫に対する愛らしいとか可哀相といった感情があって餌を与えている訳ではなく、そこには自己満足しかなかったのだ。

つまり、自分より弱い生き物に気まぐれで情けを掛けて、それに満足してしまえば後はもうどうでもいい。

周りに病気や事故で瀕死の猫がいても、餌を与えていた猫が怪我をしていても、何とも思わない。

勿論、例外は多々ある。

餌やりを行っている人の中には、真剣にその猫達の将来を考えて、ＴＮＲ活動とセットに行っている人が大勢いることも知っている。

しかし、不幸な野良猫を減らそうと尽力している久留米さんと、自己満足のために野良猫の存在が必要な彼らとは、根本的な部分で噛み合わないのである。

目の前に佇む彼女のような人は、たとえ人に慣れている猫が現れても、決して終生の住まいを与えようとは考えない。

久留米さんは、溢れ出ようとしている言葉を、どうにかして飲み込んだ。

この場で何かを言うことだけは、娘のことも考えて思い留まったのである。

「最近ね、猫ちゃん達が集まってくる所に、テープのようなものが貼ってあるんですよ。それはもう、目立つピンク色の」

良美ちゃんの母親は、憤慨したような表情をしている。

確かに、こういった保護活動を日頃行っていると、いろいろな噂が耳に入ってくる。だが、昭和初期ならいざ知らず、動物愛護真っ盛りのこの時代に、そのような業種が果たして成り立つのかと考えると、非常に眉唾である。

黄色やピンク色のテープ等は、測量や植林伐採の目印の場合が多々あるし、飲みかけの缶飲料や、はたまた子供が捨てた折り紙までもが、猫捕り業者の印とよく言われていることを知っていた。

しかし、あまり好きではないような人とはいえ、折角自分を頼ってきた訳であるから、それなりのことはしてあげたい。

「……そうですか。分かりました。じゃあ、次から気を付けるようにしますね」

半信半疑に思いながらも、念のために同じく保護活動を行っている国村さんに声を掛けて、ＴＮＲ活動と一緒に見回りをすることにしたのである。

国村さんも付近で見かけて気になっていた三毛の仔猫を保護したいと考えていたので、喜んで参加することになった。


一雨来そうな雰囲気のみずっと続いていた、曇天の夕方。

二人はＴＮＲ活動と見回りに、例の場所を訪れた。

「ありゃァ、確かに貼ってあるわね。うっわ、あそこにも、ほら」

国村さんの言う通り、確かにピンク色のテープがあちらこちらに貼ってあった。

猫がよく現れると思しき小道に面した壁や、庭から飛び出した木々の枝、更には電信柱や標識から、ビニールテープらしきものがたくさん見つかった。

「へえー、初めて見たけど随分多いのね。ん、あれれ。これって何？」

国村さんが一枚の紙片を草叢の中から見つけて取り上げた。

「レシートじゃないし、うーん。分かんないなぁ、何て書いてあるんだろう」

確かに大きさはレシート程度ではあったが、そこには初めて見る漢字のような真っ赤な文字がびっしりと書かれている。

しかもその下には、蜷局《とぐろ》を巻いた蛇らしき下手な絵が描かれていた。

「あ、ほら。見てみなよ。この辺りに一杯落ちてるわよ」

ざっと見積もっただけで、十以上もの紙片が草叢の中に、まるで隠されているかのように落ちていた。幾つか手に取って見てみるが、皆同様に真っ赤な漢字が連なっており、その下には蛇らしき何かが描かれていた。

しかも書いてある内容は恐らく同じだと思われる。

その特徴的な文字は明らかに人の手によるもので、下手くそな絵も全く同じものは一つもないことから、印刷などでは絶対にない。

「ああ、厭だなぁ、こういうの。めっちゃ、ゾッとするわ。でもこれって、猫捕り云々と関係あるのかなぁ？」

国村さんが怯えた口調でそう言ったが、久留米さんは首を傾げるしかなかった。

二人とも少々腑に落ちなかったが、ここまで準備してそのまま帰る訳にはいかない。

「うーん……まあこの小道はいい感じなんで、とりあえず仕掛けてみましょうか」

そのような訳で、二人は踏み板式の捕獲器を仕掛けることにした。

辺りは夕闇によって徐々に包まれていき、もう間もなく夜になるであろう。

夜行性の猫にとっては、勿論活発になる時間帯である。

捕獲器の中に設置する餌として、最強と言われる鶏の唐揚げを用意してある。

二人は大分離れたところに駐車してある車の中に戻り、仕掛けた捕獲器を時折確認しに行くが、何かが現れた形跡はなかった。

この辺りを少しだけ散策してみたが、猫らしきものは見かけなかったし、餌やりをしている人すら全く確認できなかった。

「あれっ、いつも餌やりしている人がいるんじゃなかったっけ」

国村さんにそう訊ねられた。

「ええ。そのはずなんですけど……」

良美ちゃんの家の場所はこの辺りのはずであったが、苗字すら聞き忘れていたため、全く分からなかった。

ひょっとして、あの女の人に担がれたのかもしれない。

そんなことが脳裏を過った、そのとき。

「あっ、何だ、アレ。うわうわっ、中に入っていくみたいよっ！」

そう言われて、久留米さんは慌てて視線を捕獲器へと向けた。

「……何、アレ。ちょっと、気持ち悪くない？」

懐中電灯を向けた国村さんが、思いっ切り厭そうな表情を見せる。

何処となく怖かったのであろう。二人はぴったりと身を寄せながら、緩慢な足取りで捕獲器へと歩み寄っていく。

「あっ！」

国村さんの悲鳴が、瞬時に上がった。

目の前にある捕獲器の中で、異様なモノが蠢いていた。

真っ黒い膜を蜷局状に巻き付けた、平べったい不気味な生物。

膜の上部に所々垣間見える透明部分には、何故か猫の頭部のようなものが見え隠れしている。

まるでその蜷局の体内に取り入れられたかのように、猫の頭部は苦しそうに瞼を閉じたまま、力なく口をパクパクしている。

「ね、ね、撮ろう。証拠として、撮っておこう」

二人は震える手でスマホを取り出すと、その異形の物体を写真として残そうと試みた。

しかし、何故かシャッターが下りない。それどころか、まだ新しい端末にも拘らず、画面が真っ暗になってしまい、ウンともスンとも言わなくなった。

そうこうしているうちに、蜷局状の生き物らしき何かは、捕獲器内の唐揚げを綺麗さっぱり体内に取り込んでしまった。

そして二人が見守る中、思ったよりも素早い速度で捕獲器から抜け出すと、何処かへと消えてしまったのである。

全く作動しなかった、捕獲器を残して。

目の前で繰り広げられた不可解な出来事に呆然としていると、突然背後で物音が鳴った。慌てて二人が振り向くと、悔しそうな表情をした見覚えのある顔が、物陰にサッと隠れるのを目撃した。

「あ、あれって……」

良美ちゃんの母親に違いない。

二人は慌ててその後を追い掛けたが、結局見失ってしまった。


数日後、久留米さんは偶然スーパーで良美ちゃんの母親とばったり会った。

いい機会とばかりに前回の顛末《てんまつ》を話したが、良美ちゃんの母親は不思議そうな表情をしながらこう言った。

「何のことですか？　私、知りませんけど」

「はァ？」

あまりの発言に、二の句が継げなかった。

そもそもアナタが家まで訪ねてきたのではないのか。こっちは親切心で見回りまでしたのに、一体どういう了見なのか。

しかもあのとき、あの場所で一体何をしていたのか。

久留米さんは瞬時に頭に血が上ったらしく、その場で一気に捲し立てた。

しかし、良美ちゃんの母親は顔色一つ変えずに、静かな口調でこう言った。

「あのう、人違いじゃないでしょうか。私、猫どころか生き物が大嫌いだから、餌なんてやる訳がないんですけど」

そして、商品が入ったカートをその場に置き去りにしたまま、店の外へと出ていってしまった。


だが、久留米さんも納得がいかなかった。

ひょっとして、あのときは本心を話すことが何らかの事情でできなかった可能性もあったのではないか。

あの人の真意が知りたい。そう思って、後でもう一度会って、話をしようと心に決めたのである。

しかし、いろいろと多忙なこともあって、なかなか時間を取ることができなかった。

結局、その思いは叶うことがなかった。

「良美ちゃんのお母さん、亡くなったんだって」

そう娘に言われて、思わず持っていたテレビのリモコンを床に落としてしまった。

蓋の部分が割れてしまったが、娘は気にする素振りも見せずに、更に話し続ける。

「ほら、山を少し過ぎた辺りに、沼があるでしょ。あそこに浮かんでたんだって」

最初のうちは娘の勘違いかと思っていたが、その話はどうやら本当であった。

彼女の不審死は、暫くの間町中を席巻し続け、様々な説がそこいら一帯に溢れていたのである。

流布している噂によると、どうやら遺書が残されていたことから覚悟の自殺であろう、とのことであったが、遺書の内容までは誰も知らなかった。

しかし、死体が発見された現場には、真っ赤な文字が書かれた紙片が幾つも散乱していたという話もある。

それから間もなく、良美ちゃんの一家は、まるでこの町から逃げるように、付き合いのあった人達にも引っ越し先を告げぬまま、ひっそりと去ってしまった。

「えっ、猫に餌やり？　ないない、ないよ。だって良美ちゃんが言ってたもん。良美ちゃんのお父さんもお母さんも、動物は大嫌いなんだって」

娘のその言葉に、久留米さんは思わず天を仰いだ。

あの作業所

関西在住の女性、玉美さんから過去に体験した話を教えてもらった。

玉美さんには、障害を抱えた歳の離れたお兄さんがいるという。

玉美さんが小学生の頃、お兄さんは障害を持った人々が仕事をする施設の作業所に通っていたらしい。

そして彼女のお母さんも、作業所の支援職員として働いていた。

だから玉美さんも小学校の帰りに、よくその作業所に寄っていた。

作業所では通っている人々が、主に文房具や雑誌の付録を箱詰めする作業や、機械の部品同士を取り付ける等の仕事をしていたという。

作業所には広めのロッカールームがあり、玉美さんはよくそこで一人、本を読んだり絵を描いたりして遊んでいた。

ロッカールームは夏でもひんやりしており、過ごしやすかったそうだ。

ただ、玉美さんがそこに入ると高い確率で先客がいた。

先客達は小さな男の子だったり、お爺さんだったり、サラリーマン風の若い男だったりと様々だった。

確実に言えることはこの先客達、作業所の関係者でもなければ、利用者さん達の家族でもない、全く知らない人々だったという。

先客達は玉美さんが少し目を離した隙に、消えたり現れたりするらしい。

変わり種としては窓の外から覗いている青年が、いつの間にか天井に張り付いている、冷蔵庫を開けると中で小さな老婆が眠っている等、ロッカールームは先客達のやりたい放題な状態だった。

またまれに先客達がいなくても、ロッカールームではよく、クスクス笑う声やシクシク泣く声がしょっちゅう聞こえてくる。更には壁を叩く音が鳴り響き、ロッカーの扉や窓が勝手に開閉するのは日常茶飯事だった。

そしてロッカールームに書類の束やたくさんの冊子などを積んでおくと、高い確率でバサバサッと音がして、それらが辺り一面にばら撒かれている。

更に職員達が散らばった書類を片付けていると、まるでそれを挑発するかのように、部屋中に見えない何かが歩き回る音が響いてくるという。

しかし、なぜだか玉美さんはそんな騒がしいロッカールームをあまり怖いと思ったことはなく、むしろ彼女にとってそこは落ち着く空間だったらしい。

ある日、玉美さんがロッカールームの窓から外を見ていた。

作業所から少し離れたところには、いつも煙の立ち上る建物があって、玉美さんはそれをぼうっと眺めていたのだ。

彼女はそれを、ずっと銭湯かゴミ焼却場だと思っていた。

「あれは火葬場だよ」

後から作業所の支援所職員である本間さんが、小さな声で教えてくれた。

本間さんは、優しいベテラン職員で皆から好かれていた。

そのせいか、本間さんの背後にはいつも何かが張り付いていた。

そのときは、身体は太っているのに手足が異様に痩せている中年の女が無表情のまま、本間さんにおんぶされるように張り付いていたという。

「近くに火葬場があるから、ここは変なことがたくさん起こるのかな？」

玉美さんが本間さんに訊ねると、彼女は笑いながら「どうかしらねぇ」と言ってロッカールームから去っていった。

そのとき、背中の中年女は赤ん坊のように、細い手足をバタつかせていた。

玉美さんが微笑んだままバイバイと手を振ると、中年女は驚いた顔をして手足を動かすのを止めてしまった。

それから暫くして、作業所に黒い野良猫が住み着いた。

職員や利用者さんは勿論、玉美さんもこの小さな来訪者に喜び、正式に作業所で飼うことになった。

名前はその外見からシンプルにクロと名付けられた。

不思議なことにクロが作業所に住むようになってから、謎の先客達の現れる頻度や、おかしな現象の起こる回数が減っていった。

本間さんの背後にも、何かがくっついていることが少なくなった。

「クロは何か、不思議なチカラを持っているのかもね」

玉美さんはそう言いながら、よくクロのことを撫でてあげたという。

クロも玉美さんに一番懐いていて、彼女が作業所にやってくると真っ先に走っていって嬉しそうな鳴き声を上げていたそうだ。

数年後、玉美さんは高校生になった。

その頃は彼女も勉強や部活で忙しく、作業所とは疎遠になっていた。

部活で帰りが遅くなったある夜、玉美さんは買い物がてら、久しぶりに作業所の前を通った。

するとと明かりの消えた作業所の敷地内に、たくさんの人々が立っていた。

それは以前、玉美さんが作業所のロッカールーム内で見ていた先客達だった。子供から老人、そして本間さんの後ろに張り付いていた者達も含めて、先客の全員が揃っていた。

「うわっ。何か、同窓会みたいだね」

玉美さんはその様子を見て、怖がるどころかむしろ懐かしがった。

作業所の門の鍵が閉まっていなかったら、玉美さんは先客達の近くに行って、一人一人に話しかけたいくらいだった。

その先客達は皆、何をする訳でもなく、突っ立ったまままひたすら暗い作業所をジッと見つめているだけだった。

そして暫くすると何の前触れもなく全員、スッと消えてしまった。

先客達の消えた敷地内には、見覚えのある黒い猫だけが一匹、残って作業所の前に座っている。

「あっ、クロ!?」

玉美さんの声に反応してか、成長したクロは彼女のほうを振り向いた。

クロは暫く、玉美さんの顔を覗き込むように見つめていたが、やがて後ろを見せるとそのまま施設の奥へと素早く走り去っていった。

それを見て、玉美さんは自分の心に穴が空いたような寂しさを覚えた。

翌日、作業所は放火により全焼してしまった。

幸いその火災では、奇跡的に死者やケガ人は出なかったが、ずっと作業所に住み着いていたクロの生死だけは不明だった。

そして放火犯は今でも見つかっていないらしい。

現在、作業所のあった場所は全く違う商業施設が建っているという。

踊る猫

児島さんは自他共に認める猫好きだ。

両親も猫好きなため、幼い頃から身の回りには必ず猫がいた。

多頭飼いは当然であり、今までに飼った猫の総数は三十を越える。

全ての子が大切でかけがえのない家族だったが、中でも、ふらりと家に迷い込んできた灰色の猫は特別な存在だった。

名はキズナ、雌の猫だ。恐らくだが、迷い込んできたときには五歳ぐらいであった。

キズナは、人の言葉を完璧に理解していた。飼い主の贔屓《ひいき》目ではない。

言葉こそ話せないが、会話が通じているのは明らかだった。あなた、猫又でしょとからかう児島さんに、キズナは喉を鳴らして答えたという。

あまりにも愛情が深すぎたせいか、亡くなって暫くの間、児島さんは自宅から出られなかった。

そんなある日のこと。

いつものように窓から外をぼんやりと眺めていた児島さんは、近くの駐車場を彷徨く不審な男を見つけてしまった。

車上荒らしかもしれない。通報したほうがいいのかな。迷いながら観察を続けていると、男は突然、車の下を覗き込んだ。

やはり、何か悪戯をするつもりだ。通報決定だ。特徴を問われるかもしれない。服装とかメモしておかねば。

目的を達したのか、男が立ち上がった。その手に仔猫がいる。男は、嬉しそうに仔猫を見つめている。

「あの、その子を助けてくれたんですか」

児島さんは、窓を開けて声を掛けてしまった。男は驚いたようだが、すぐに笑顔を見せた。

「車の下に潜り込んだのが見えたので。このままだと轢《ひ》かれてしまうかなって」

それが、石田と最初に交わした会話だった。

石田は、こんな猫を見ると無視できないらしく、今までに何十匹も連れて帰っているそうだ。

「目が合ってしまったら負けなんです。何があろうと、運命には逆らえないですから」

石田は照れ臭そうに微笑んだ。その微笑みが、児島さんを悲しみから救ったのである。

私もまた、猫を幸せにしよう。猫に幸せにしてもらおう。心からそう思えたのだという。

児島さんは、石田の猫探しに付き合うようになった。幾度か行動を共にするうち、自分が石田を愛していることに気付いた。

次に会うとき、思い切って気持ちを告白しよう。

児島さんは自分の乙女心に笑いながら眠りに就いた。


その夜、児島さんはキズナの夢を見た。

白い光の中に、猫がいる。キズナだ。

「キズナ、会いに来てくれたの？」

キズナは、まるで人間のように後ろ足だけで立ち上がった。

よく見ると、尻尾が二つに分かれている。

「ああ、やっぱり。君、猫又なんだね」

その尻尾を器用に振りながら、キズナは児島さんの前で優雅に踊った。楽しげなその様子に、児島さんは涙が溢れた。

「幸せそうで良かった。私も、何とか歩けそうだよ」

その途端、キズナは踊るのを止めて児島さんを見つめた。

「どうしたの、何か言いたいの？」

キズナは近付くと、額を寄せてきた。こつん、と児島さんの手に額を当てる。

その瞬間、児島さんの中に石田に関する情報が溢れた。

幼い頃から今現在までの石田が、映画のように脳裏に映し出されていく。

石田は、ここまでの人生において、無数の猫を殺していた。

熱湯を浴びせて目を潰し、前足から先をきつく縛り上げて腐らせ、ありとあらゆる残虐な方法を楽しんでいた。

——目が合ってしまったら負けなんです。何があろうと、運命には逆らえないですから。

がたがたと震える児島さんを優しく舐め、キズナは首を傾げた。

何を言いたいか、すぐに分かった。

「うん。良いと思う。同じ目に遭わせてあげて」

目覚めたとき、児島さんは自分が泣いているのに気付いた。

とりあえず、次のデートはキャンセルしよう。保護猫を見に行こう。良い子がいたら連れて帰りたいな。

児島さんは今現在、三匹の猫と幸せに暮らしている。

石田の家族から一度、連絡が来た。本人の目が潰れ、両手も使えないから代わりに電話したとのことだった。

「ふーん」

児島さんは鼻で返事し、相手の番号を着信拒否リストに入れた。

ちまりの話

「〈ちまり〉っていう妖怪を、先輩、知っていますか?」

大学の後輩で昔話の研究をしている美樹本君から連絡があり、渋谷の陋巷《ろうこう》で久方ぶりに酒を酌み交わしていると、唐突にそんなことを訊かれた。

「〈ちまり〉だって? いや、初耳だと思うよ」

一応こちらも民俗学畑の出身で、人も憚《はばか》る「お化け屋」だ。

ではあるのだが、そんな〈ちまり〉なんて妖怪のことは一度も聞いたことがなかった。

「それはあれかな? 何処かの地誌にでも載っていたのを見つけたとか?」

地方の民俗誌を紐解いてみれば、そこには有象無象の怪談奇談の類いがごろごろと散見される。

斯様《かよう》な資料からは埋もれてしまった貴重な妖怪伝承を拾い上げることができるものの、その多くは断片的な記述に留まり、辛うじて名前だけが残っているというケースも珍しくない。

〈ちまり〉というのも大方、そうした伝承の一つだろうと思ったのだが。

「西尾さんって覚えていますか？」

美樹本君からは質問で返された。

「僕の一学年下で、棚田の研究をしていた女性なんですが」

「うん、研究会で何度か見かけたことはあるよ」

大柄で目鼻立ちのはっきりした、こう言っては何だが、民俗学の学生にはあまりいないタイプの人だった。

美樹本君の言う通り、西尾さんは棚田に絡めた景観論を研究テーマにしていた。それとは別に口承文芸の方面にも興味があったらしく、専門外の研究会にも幾つか所属していたようだ。

当時、自分は修士課程を修了し、博物館と日本語学校の非常勤講師を兼任していたのだが、月に一度は大学に顔を出していた。確かその際、二言三言、言葉を交わす機会はあったと思う。

「彼女がね、調査に行った先で、そういう妖怪の話を聞いたそうです。それをつい最近、急に思い出したんです」

「なるほど、だから連絡してくれた訳？　ありがたい話だけど、ただ俺がやってるのは民俗学じゃなく、実話怪談だからなあ」

「それはそうなんですけど、西尾さんが調査で話を聞いたという、その経緯含めてちょっと不気味なんですよ」

美樹本君はそう言って、心なしか眉を顰《ひそ》めた。

以下は、西尾さんが美樹本君に語って聞かせたという話を、筆者が再構成した文章である。

美樹本君曰く、西尾さんの語りは委細を尽くしたものでは決してなかった。

それ故、ディティールの幾つかについては当方の想像に拠るほかないが、概ね、感じたるままを書き取った文章になる。その旨、読者諸兄姉には了承されたい。

その年の夏、西尾さんが調査に訪れたのは西日本の山村だった。

棚田が美しい土地で、近年ではそれをフィールドとした環境学習なども積極的に行われている地域だ。

時期的には、お盆が終わった頃だったろう。

農村部では都会と違い、春秋の祭りとお盆に何かと細々した用事や人の出入りが多い。

そのため民俗学等の調査では、その時期をずらして伺うのが基本である。

調査とはいえ、そうせかせかした旅ではない。

棚田を眺めつつぶらぶらと田舎道を歩き、農作業をしているおじさん、おばさんに話しかける。内容の殆どは世間話に近いものだが、それで良い。人々の表情や態度、挨拶の言葉一つから窺える、その土地に固有の生活様式があるのだ。

そうして何人かに話を聞いているうちに、その日の午後に、地元の農業従事者と棚田の保全活動に参加する学生達との懇親会があると聞かされた。

興味を覚えた西尾さんが傍聴を申し出たところ、地域の顔役だという老人は、

「学生さんが一人増えるくらい、まあ、ええよ」

と快く承諾してくれた。

のみならず西尾さんを自宅に招じ入れ、簡単な昼餉《ひるげ》まで御馳走してくれたという。

食事を済ませると、老人の運転する軽トラに乗り、地域の公民館に向かった。

「西尾さんが〈ちまり〉の話を聞いたのは、その懇親会の席だったそうです」

この公民館の裏手に一本の道がある。

昔は街に出るにはそこを通る以外に道はなく、往来もまずまず頻繁だったが、きちんと舗装された道路ができたため、今ではそんな道を通る者はなくなった。

そんなふうに打ち棄てられた道には藪草が繁茂し、何とも言えず寂しげな風情なのだ。

その道を暫く行ったところに、大ぶりの、年経た松の木がある。

随分以前、物狂いした女が腰帯で首を括ったことから〈帯吊り松〉と呼ばれているが、そこから更に進んだ先に、今度は一軒の廃屋が建っている。

家の由来は、今となってはよく分からない。

杣《そま》小屋の名残という者もあれば、他所から流れ着いた産婆が住んでいたのだという者もある。

兎も角、その廃屋に「出る」のだ。

正確には「出てくる」のである。

日が落ちる頃になると、そこから鞠のような形をしたものが転がり出て、人里にやってくる。そうして通行人の足に纏いつくのだとか。

歩行の邪魔にはなるが、それ以上の害をなす訳ではない。

しかし朝になって見ると、鞠の触れた着物の裾や脹脛《ふくらはぎ》にべっとりと血が付いている。

外傷はどこにもないから、してみれば当の鞠自体が血に塗れているのだろう。

そんな訳で、この辺ではその鞠に似たもののことを〈血鞠《ちまり》〉と呼び慣《なら》わしていたそうだ。

西尾さんが聞かされたのは、大体においてそんな内容だったらしい。

「先輩、どう思います?」

話を聞く限り、〈槌転《つちころ》び〉とか〈すねこすり〉といった路傍の怪の一種だろう。前者は藁を打つ槌のような形状の、後者は犬に似たものがまろび出て、通行人の足に絡みつく。

地方によっては他にも〈タテクリカエシ〉〈鑵子《かんす》転ばし〉など様々な名称で似た怪異が伝わっており、いずれも山道や坂道といった視界と足場の悪い場所に出没する。

鞠のような妖怪というなら、享保年間に刊行された『太平百物語』に〈千々古《ちぢこ》〉というのが出てくる。尤《もっと》もこれはお調子者の悪戯で、ある侍が捕まえてみたら本物の鞠だったという。道の両側から張った縄に鞠を結いつけ、動かしていた訳だ。

それにしても〈ちまり〉とは、やはり聞き覚えがない。

触れた箇所に血が付いているというくだりは薄気味悪く、なかなか気が利いている。

妖怪好きならどうしたって心が弾むに違いない。

「西尾さんもね、そう思ったみたいですよ」

懇親会が終わったのは、十五時頃だった。

真っ昼間からビールや日本酒まで振る舞われたらしく、西尾さんはほろ酔い加減で公民館を後にした。

その日は集落にある民宿に部屋を取っていたが、夕飯の時間にはまだ間がある。

それで西尾さんは、酔い覚ましがてら、今も残るという例の廃屋まで歩いてみることにしたそうだ。

建物の裏手に廻ってみると、果たしてそこに一本の道があった。

鬱蒼《うっそう》と生い茂る背の低い木々から影が落ちかかり、道の奥はよく見通せない。

殆ど私道のような趣で、一瞬、躊躇するも、立ち入り禁止の看板や注意書きがあるということもない。

意を決して西尾さんは、その道に足を踏み入れた。

舗装されていない道の端々には大小様々な石が転がり、両側から伸びた萱《かや》が視界を妨げている。

歩きにくい道だったが、フィールドワークで鍛えられた西尾さんの歩みは速く、正確だ。

暫く歩いたところで、廃屋までの正確な距離を聞いていないことに気付いた。

先刻の話によれば、〈ちまり〉とかいう妖怪は、夜な夜なそこから人里までやってきていたという。

ならばきっと大した距離ではないはずだ。そう思った。

が、歩いても歩いても、教えられた家には辿り着かなかった。

目印とかいう〈帯吊り松〉と思しき樹木も一向に見当たらず、西尾さんの胸には、次第に焦燥感が湧いてくる。

薄暗い道とはいえ、大ぶりの松と聞いていた。周囲にあるのは低木ばかりだから、見過ごしたとは考えにくい。おまけにこんな一本道では道に迷うはずもない。

進むにつれて道は狭くなり、木々が間近に迫ってくるようだった。

いつしか西尾さんは獣道と見紛うほどの悪路を、藪を漕ぎながら進んでいた。

飛び出た熊笹に顔や腕を傷つけられ、一足毎に疲労がのしかかる。

喉が渇いた。

ペットボトルの水は空だった。

次第に日が落ちてきた。

スマホは圏外だった。

と、ある瞬間、身体のバランスを崩した西尾さんは、熊笹の群生の中に横倒しになった。

運悪く傾斜していた道なき道を転げ落ち、尻から地面に叩きつけられた。

ぎゃあっ！　と思わず声が出る。

幸いそう高所ではなかったらしく、無理をすれば立ち上がれそうではあるが、気力が尽きてしまった。
夜が近付いていた。
どうしよう、これ遭難だよ。
電波は通じないから、無論、救援を呼ぶことはできない。
下手に動くのは危険と判断した西尾さんは、急速に深まりゆく闇の中で膝を抱えた。
心細くはあったが、充電切れを恐れ、スマホのライトは点けなかった。
視界が奪われていく反面、研ぎ澄まされていく聴覚は、水の音を捉えていた。
近くに川か、あるいは水路が流れているのだろう。
ということは、今いる場所は思っていたより人里に近いのかもしれない。
誰かの気配がしたら、すぐに声を上げよう。
目を閉じ、全神経を耳に集中させる。
これは風の音。木々のざわめき。虫の声。
その一つ一つを、西尾さんは身じろぎもせず聴き分けていく。
どれだけ時間が経ったか分からない。
一時間か二時間か、あるいは五分かそこらだったかもしれない。
文目《あやめ》も分かぬ夜の闇の中で、人間は、空間と時間の認識を正常に保つことができない。

そのうちに現実感覚までが希薄になってくる。

ひょっとして、今自分は夢を見ているのかもしれない。

調査にやってきたのも、懇親会の席で〈ちまり〉とかいう妖怪の話を聞いたのも全てただの夢で、目を開ければそこは東京の、慣れ親しんだ我が家なのではなかろうか。

そんな藁にもすがるような考えが西尾さんの胸中に萌《きざ》した刹那《せつな》、妙な音がした。

それは、

『ぐうううううううううううううう』

と低く長く響き、蛙か水鳥の鳴き声にしては籠もって聞こえた。

すぐにもスマホのライトを点けたくはある。

ではあるが、見なくても済むものを見てしまうのが、何より恐ろしかった。

大丈夫、神経がささくれてるだけ。

自分にそう言い聞かせた矢先、今度はすぐ近くで水を掻き分ける音がした。

悲鳴を押し殺し、我慢できずにライトを点けた。

ほんの一瞬、眼前をぼんやり切り取った光の中を、小さな四足動物の影が横切った。

大きさからして、野鼠か、あるいは小狸だろうか。

それにしては毛もなく、のっぺりしていたように思う。

『そこから鞠のような形をしたものが転がり出て』
『着物の裾や脹脛に、べっとりと血が付いている』

先刻聞いた〈ちまり〉の話が西尾さんの脳裏をよぎる。
不意にスマホの電源が落ち、周囲が闇に包まれた。
『ぐううううううううううう』
またしてもあの鳴き声がして、反射的に目を瞑《つぶ》る。
冷たく、生臭い風が西尾さんの顔に届いた。
目と鼻の先に、誰か、否、何かがいる。
蛙か水鳥だ。きっとそうだ。そうに違いない。
汗が噴き出し、震えが止まらない。
歯の根が合わず、カチカチと耳障りな音を立てている。
〈ちまり〉だって？
そんなものがこの世にいるはずない。
『ぐうううううううううううう』

「……うるさい」
と声を上げた直後、ぎゅっ、と左の足首を掴まれた。
蛙でも水鳥でもない、小さな生き物の気配が西尾さんを取り囲んだ。
『ぐうううううううあああああああああ』
ハッと気付いたら、西尾さんは真っ暗闇の中、公民館の前に座り込んでいた。
全身の至る所に泥土や木の葉が付着し、顔と腕には無数の切り傷があった。
臀部《でんぶ》の痛みを堪えつつ立ち上がる、
と、少し離れたところにボーリングの球みたいなものが落ちていた。
その正体を認め、西尾さんは失神しそうになった。
地蔵の首だった。

「滑落の怪我は、ただの打ち身で済んだそうですけどね」

その後、集落の人達に訊ねてみたものの、話に聞いた廃屋や〈首吊り松〉〈ちまり〉なんて話を知る者は誰一人おらず、地蔵の首の所在についても不明だった。

また当の西尾さんのほうでも、以上の話を聞かせてくれた人物の顔、年齢、性別など、一切の情報が記憶から抜け落ちていたらしい。

「無理して思い出そうとすると、余計なものまで釣れてしまいそうで怖いんだって、西尾さん、そんなふうに言ってましたよ」

それと……と些《いささ》か口籠もりつつ、美樹本君は言葉を継いだ。

話を終えた西尾さんは徐にズボンの裾を捲りだした。

「美樹本さん、これ、何に見えますか？」

彼女の左足首には、赤黒い内出血の痕があった。

そのときは言葉を濁したけれど、美樹本君にはそれが水掻きのある赤ん坊の手形に見えて仕方なかったという。

「彼女、修士課程を終えるとすぐ故郷に帰ってしまって。連絡は取っていないので、今どうしているかは分かりません」

冒頭でも述べたように、〈ちまり〉なんて妖怪に心当たりはない。

しかしこんな話を聞かされたからには、喉元に魚の骨が刺さったような居心地の悪さはいつまでも拭い去れないままだ。

〈ちまり〉について何らかの情報をお持ちの方は、是非一報いただきたい。

しいらくさん

福岡県の筑豊地方での話。

秋葉さんには母方の従姉がいた。生まれ年が同じであり、偶々同じ高校に進学することになった。

元々仲が良かったので大変嬉しかったのだが、二年生のときには同じクラスになって、殆どの時間を一緒に過ごすことになった。

名前を、香奈恵さんという。

黒髪をロングにした、颯爽《さっそう》とした雰囲気の子で、何より色白で可愛かった。運動が好きで日焼けした秋葉さんとは対照的であったが、ずっと気の置けない友人よりも一歩進んだところにいる存在だと思っていた。

香奈恵さんは読書が好きで、教室でもあまり騒がしいグループには近寄らなかった。

そういうふうで普段大人しい感じなのだが、一度違う高校のツッパリ風の二人組に路上で絡まれたときに、何か技を掛けてあっという間に相手を投げてしまった。

「い、今の隅落としじゃねえか？　……だよな？」

投げられた相手が武道が好きらしく、ひたすら感心しているのがおかしかったのだが、暫くしてそのことを思い出して母親に話した。

「……知里姉さんは、しいらくさんのごとある人やけんねえ。……その娘だから」

「しいらくさん？　……って何？」

母親はそれについては、はっきりと答えず、

「そういう言い回しが、昔からあるとよ」と、にこりともせずに言った。

知里姉さんというのは母親の姉で、香奈恵さんの母である。今は元々の実家の跡地に新居を建てて住んでいた。幼いときからよく行き来させてもらっているが、随分厳しい人で行儀作法など、ちゃんと守らないとすぐに強烈な雷が落ちてきた。

きっと、しいらくさんというのは、そういう怖い人のことを言うのだろうなと、何とはなしに察した。

香奈恵さんが、小中学校時代に合気道を習っていたのは知っていた。だが、いつの間にかその様子はなくなっていた。

多分、高校に入ってからは道場に通ってはいないだろう。

「やめちゃったの？」と訊くと、

「身を守ることを覚えなさいって、お母さんが言うから習っていたんだけど、今度は女性

らしいことを身につけなさいだって。真逆だよねー。勝手というか、何というか」

と、半笑いで香奈恵さんは言った。

「おかげで茶道部と書道部を掛け持ち」

「もう、それって香奈恵のお嫁入りまで視野に入っているわよね。今からもっとガンガン来るわよ」

「冗談じゃないわよ」

勉強を頑張って、都会の大学へ行くんだ、と香奈恵さんは再三そう言っていて、実際成績は学年トップを何回も取っているのだった。

あるとき、土日で香奈恵さんが泊まり込みで遊びに来た。

と言っても、一緒に勉強するという口実であり、実際真面目にそうする気であった。

土曜日の午後から二人とも苦手な数学をみっちりやって、夕方茶の間で秋葉さんの母親が作った食事を頂いた。

秋葉さんの父親は夜勤で不在だった。男親がいるといろいろ気を遣うので、泊まりの際は大体そういう時機に合わせているのだった。

「頂きます」と言って、二人で手を合わせる。

肉じゃがをパクついている香奈恵さんの手元を何となく見ていたが、妙な違和感があった。

暫くして、「ああ、箸使いが悪いんだ」と気付いた。

今まで気が付かなかったのも不思議だったが、あの躾《しつけ》に厳しい知里さんがそれを教えなかったというのも腑に落ちないなと思った。

見つけたら、絶対にスパルタ式で直しそうなものなのに。

「香奈恵、箸使いが苦手？」

「……ああ、ずっと直そうと思っているんだけど、どういう訳か指が拒否しちゃって」

「そんなことあるの？」

秋葉さんは、あることを思い出した。

「そうだ」

水屋の引き出しを探って、大ぶりの箸ケースを取り出した。

「お父さんの東京土産」

「何？」

流しで洗って、香奈恵さんに手渡した。

「江戸八角箸。使ってみて」

「ふうん？」

江戸八角箸は指で使うところが持ちやすく、感触がいい。また、先が細く鋭くなっていて、先端で小さなものを摘まみやすいことで有名だった。

八角形なのがどう果報するのかよく分からないが、自然と箸使いが良くなるのだという。

香奈恵さんは八角箸で大豆の煮物を摘まんで、

「これ、凄くいいね」と言ったが、急に黙りこくって動かなくなった。

「……どうしたの？」

香奈恵さんの視線が箸の先端に釘付けになっている。顔色がおかしい。そして、震えの来たその手から箸が食卓の上に落ちた。

「……私、これ駄目。何だか怖い！」

「……どうして」

あまりに予想外の反応に秋葉さんが戸惑っていると、

「勝手に使っちゃ駄目でしょ」

母親が凄く険しい表情で現れ、八角箸を引ったくるようにして拾い上げると、そのまま台所のほうへ消えていった。

香奈恵さんは、すぐに落ち着いたが大事を取って、その日は早々に休むことにした。

布団を並べて用意はしたものの、二人とも宵っ張りの癖が付いているので、結局その上に座って暫くお喋りをして時間を潰した。

「……ひょっとして、香奈恵って先端恐怖症？」

「いや……そういうのでは、ないかな？」

「これって、どう？」

シャープペンの先を香奈恵さんに近付けてみたが、

「別に何とも」との、あっけらかんとした返事だった。

「じゃあ、何だったのあれ？」

「分かんない……」

「それじゃあ……きっとお箸の恐怖症かな」

秋葉さんは適当に冗談めかして言ったのだが、香奈恵さんに、ハッとしたような気色があった。

「え、何か思い当たるの？」

「そういえば、うちの裏庭にお母さんの大事にしている楠《くすのき》の若木があって……」

「ええ……」

……楠？

「それを毎年、小まめに写真に撮ったアルバムがあるのよ。その扉に『御箸成長之楠』って書いてある」

「へえ、でもお箸って……？　どういうこと？」

香奈恵さんの家は老朽化した祖父母の家を取り壊して建てられたが、裏手に昔からあった整地されていない一角が、手付かずでそのまま残してあった。

地目は山林で、樹木が生い茂り、薄暗い陰気な場所で、かつては一部に畑などもあったようだが、今では外部からはよく見えないような大きな藪になっている。

地均しすれば、新しく建てた家ももっと住みやすい間取りにできるし、車庫のスペースも取れると再三勧められたのだが、知里さんが頑として反対したのだそうだ。

香奈恵さんの家を訪問したときの記憶を探ると、雑木林の手前に確かにひょろ長く伸びた二股の木があったような気がした。その前に二つ榊立てがあって、何かお供えがしてあったように思うのだが、それがその「御箸成長之楠」だったのだろうか？

「御箸成長って、お箸から芽が出て木になったってこと？　そんな馬鹿な」

「お母さんは『あんたには関係ないことだから、これには関わらないで』って言って、自分だけでお供えとか、周辺の掃除とか草取りをやってるのよ。だから、そもそも何でそんなものがあるのかも知らないし、気にしたこともなかった」

香奈恵さんは、俯くと、

「考えてみたら、うちはずっと割り箸か先の丸いプラスティックのお箸だった……。先の尖った箸は初めて使ったかも。兎も角、木のお箸は全然記憶にない……」

ひょっとして、お箸についてそれを気にしないように知里さんは敢えて言及を避けていたのかもしれない。そうであれば香奈恵さんの箸使いについて疎《おろそ》かになっているのも、分からないでもないが。

……しかし、そこまでするのは一体何故？

「御箸成長之楠」とは何なのだろう？


「ああ、箸から芽が出て木になったって話か。結構たくさんあるぞ」

秋葉さんはソフトボール部に入っていて、顧問の先生が日本史担当だったのでダメ元で訊いてみたのだが、意外な返事だった。

民俗学のカリキュラムを受けていたらしく、伝説の類いは好きでよく関係書籍を読んだとのこと。

「柳田国男がまとめているな。源義経が昼飯の後に杉の箸を地面に刺して立ち去ったが、その後芽を出して大杉になったとかいうのが有名どころだな。親鸞聖人《しんらんしょうにん》とか源頼朝とか、上杉謙信とか歴史的有名人絡みなのが特徴で、筋はほぼ同じパターンで伝承としてはポピュラーな奴だ。まあ、大元を辿れば日本武尊《やまとたけるのみこと》辺りに行き着くんだろうけどな」

「神話にあるんですか？」

「いや、その地方とか神社の伝承だな。日本神話にも箸は出てくるが、木に成長したとか言う話はないはずだ。確か、東京の向島の神社に日本武尊の箸から成長した楠が……今もあるのかどうか知らんが」

「楠……」

その後、民俗学に興味があるのかとか、いろいろ訊かれたが曖昧に答えて下校した。

最後に、「で、本当に芽を出すことってあるんですかねえ？」と、馬鹿なことを言っていると自覚しながら訊くと、

「ある訳ないだろ、伝説なんだから」と、案の定笑われた。


次の週の土曜日、あれからどうも元気がない様子の香奈恵さんが気になり、家に泊まりに行くことにした。

今回は夕方からである。バスを降り、鄙《ひな》びた古くからある住宅街を歩く。

やがて坂道になり、その勾配が少しきつくなり、周辺の緑が濃くなったな、と感じる辺

りにその家はあった。

正面から見るとモダンな今風の家なのだが、薄暗い何かを背負っているようで、せめて木の葉を空かすように庭木の手入れをしたらいいのにと思う。

インターホンのボタンを押すと、知里さんが出た。

「香奈恵は部屋にいますよ。鍵は開いているから、お入りなさい」

「お邪魔します」

ドアを閉め、靴をきっちり揃えて端に寄せたのを指差し確認する。

玄関横にある二階への階段を上ると、香奈恵さんが自室のドアを開けて微笑んでいた。

「いらっしゃい。二十三時間ぶり？」

「二十三時間ぶり」

「すぐ、御飯に呼ばれるよ」

香奈恵さんの言う通りで、ダイニングへ行くとカレーの匂いが立ち込めており、香奈恵さんの父親が既に盛り付けられた皿を前にして二人を待っていた。

挨拶を済ませ、知里さんに促されて食事を始めた。

カトラリー入れに、人数分のスプーンが入っている。

カレーライスとスープ、盛り付け済みの福神漬け、野菜サラダにはサラダフォークが付けられており、お箸がなかった。

二人で微妙な視線を交わしていると、知里さんも座って一緒に食べ始めた。

食事中の私語は許されていないようなのだが、香奈恵さんの父親がふと思い出したように、知里さんに話しかけた。

「そういえば、来月からスーパーのパートに行くって言う話、決まったのか？」

「ええ、面接も終わったし、そのつもりでいてくれって」

香奈恵さんは驚いたような顔で、

「え？　お母さん働くの？」

「いろいろ、これから物入りだからね。お前は心配しなくていいよ」

「心配なのはお前だけどな」と、お父さん。

「香奈恵の生まれる前のときは、大喧嘩して辞めちまって、後始末……」

と、そこまで喋って、知里さんに睨まれ、押し黙った。

その夜は結構遅くまで二人で勉強していたのだが、秋葉さんはまだ薄暗い早朝に目が覚めた。トイレに行って部屋へ帰ろうとしたが、勝手口のドアが目に入った。

そこから家の裏手に行けることを思い出し、そこにあったサンダルを履いて、そっと外へ出た。

ぼんやりとした朝日が木々の隙間から差し込んでいたが、雰囲気としてかなり薄気味が悪かった。

少し進むと、花壇のように一段高く土の盛られた場所があり、そこから樹皮が茶色い二股になった木が生えていた。

例の楠だ。

根元のほうを見ると、どうも一箇所から二本の幹が伸びてきたように見える。幹が変形していて、一纏めに見えるが、正確には二股という訳ではないようだ。本当に突き刺した二本の箸から生えてきたらこうなるのでは、と思えて少しギョッとした。

そして、その前に置いてある榊立てに目が行き、差してある榊がやけに瑞々しいことに気付いた。水滴が付いており、まるで、つい先程に生けたようだ。

「……それって何だか分かったの？」

すぐ後ろから声を掛けられ、思わず悲鳴を上げそうになった。

「そんなに驚かなくても。見てもいいけれど、ちゃんと御挨拶をしなさい」

こんな早朝なのに、既にきちんとした身形《みなり》の知里さんが、やけに優しげに言った。

「……御挨拶？」

「二礼二拍手一礼」

……これは神様なのか、と思いつつ言われた通りにする。

「そうしたら、その木の間から向こう側を見る」

「……見る？」

だが、向こう側は殆ど真っ暗な藪の中である。

「目を眇《すが》めて、よく見る」

すぐ顔の傍でそう言われ、やめることもできずに見続けていると……暗い灰色の、何か動物の毛羽立った背中のようなものが見えた気がした。

狭い窪地《くぼち》にうずくまっているように見える。

「……え？　犬？」

知里さんは何故か、フッと微笑んだ。

「違うわ。背中が物凄く長いでしょう。……私がそう思っているだけかもしれないけれど、あれはシイよ」

「シイ？」

「シイラクとも呼ばれるけど、もう誰も伝える者もいない伝説の獣。書物には妖怪だと載っているけれど、私は神獣だと思っているわ。だって、ここではとても不思議なことが起こるし」

「ずっと、あそこにいるんですか」

「この家を守っているんだと思う。父母からは何も聞かなかったけど、私の子供のときにはもういたわ」

「香奈恵は知っているんですか？」

「……知らなくていいと思うから、詳しくは教えていないわ」

「なら、何故？」

「……あなたは知っておいたほうがいいのかなと、ふと思ったのよ。あれが見えたって言うことは、あれに呼ばれたんじゃないのかな？　夫と香奈恵には何も見えていないし、知らないままでいてほしいのよ。……あれって、人だって食べる猛獣だから」

　香奈恵さんの部屋に戻ったが、居たたまれないほど気味が悪かった。馬鹿げていると何度も心の中で毒づき、瞼を閉じるとあの獣めいた背中が見えるようで、布団に潜ることもできなかった。

　その日は二人で図書館に行こうという約束になっていたが、家の用事ができたと嘘をついて、午前中に自宅へと帰った。

その後、香奈恵さんとは学校で何とか普段通り過ごせたが、箸の話題は避けた。香奈恵さんも、もう触れないほうがいいと思ったのか何も言わなくなった。

無論、あのシイのことなど打ち明けようもなかった。

ぎくしゃくとした感じが、なかなか取れずに一月が経った頃、

——唐突に、知里さんの訃報が飛び込んできた。

何でも、勤め先のスーパーでお客さんからクレームが来たらしく、その話し合いに軽自動車で向かう途中、事故を起こしたらしい。

丁字路に猛スピードで侵入し、行き止まりの擁壁《ようへき》に激突して車は大破、ほぼ即死とのことだった。

単独事故で、ブレーキ痕もなかったことから、いろいろ取り沙汰されたが、秋葉さんの両親も秋葉さん本人も葬儀の手伝いを買って出て忙しく、そのことを考える暇もなかった。

漸く落ち着いた三日後、香奈恵さんの様子を見に母親と訪問した。

後飾りの祭壇に手を合わせ、挨拶をした後は、しかし香奈恵さんは意外と明るい様子を見せ、四十九日が開けたらまた遊びに行くからと話した。

多少、無理をしている感はあったが、大丈夫そうだった。

学校の連絡書類やノートの写しなどを手渡し、その日は辞去した。

その帰り道、車を運転していた母親が急に、「ちょっと、お茶でも飲んで帰らん？」と言って、脇にあったファミレスの駐車場に車を入れた。

あまり外食などはしない人なので、珍しいこともあるものだと思ったが、きっと何か話したいことがあるのではないかと察した。

コーヒーが運ばれてきて、口を付けた後、

「あんた達、この間『御箸成長之楠』の話をしていたよね？」と切り出された。

え、いつ聞かれたんだろう、と思ったが、

「そこだけ、廊下を通りかかって聞こえたんよ。悪気はないんやけど……」

「それが……？」

「あんたも、もう大人やき、知っておいたほうがいいかなと思って話すんやけど」

知里さんと同じような台詞を聞いて、厭な予感がした。

「知里姉さんは、香奈恵ちゃんを立派に育てて、ちゃんと家を守って旦那さんを大事にしていた。これは、強く自分を律していたんだと思う」

……律する？

「死んだ人の話やから、貶《けな》したくはないんよ。……けど、子供の頃は酷かった。年下でも年上でも手頃だと思ったら皆虐めの対象で、怪我をさせるのも厭わない。それも執拗《しつよう》で恐怖で支配していたのか、皆誰に虐められたのかを言わない。……猫とか小動物にも当たり散らして、槍を作って突き殺したり、毒餌を撒いたり」

「ええ？　あの伯母さんが？　信じられない」

「私もネチネチやられたわ。一生忘れん」

母親の顔色で、本当のことらしいと分かった。

「でも、子供の頃のこと……」

「知里姉さんが十一歳で、私が九歳のとき。その夜は地域の集まりで両親が遅くまでいなかったんやけど、泥棒が台所にあった勝手口から入ってきたんよ。知里姉さんがすぐに見つけて、大声を出して分かったんやけど、逃げ出す泥棒を姉さんは家の裏手に追いかけていった」

「追いかける？」

十一歳の児童が？

「姉さんの嬉々とした声と、泥棒の悲鳴が聞こえて」

「……」

「多分、咄嗟《とっさ》に手に持った木箸で相手の背中か何処かを刺した……んだと思う。暗がりで、走っていった姉さんも泥棒もどうなったのか分からなかったけど、地面に血塗れの木箸が二本落ちていて、流石にこれはまずいんじゃないかと私は思った。だから、足下の土の軟らかいところにそれを刺して、足で踏んづけて分からないようにしたのよ」

「まさか……」

「そこから芽が生えてきたのは本当の話だわ。箸の行方を訊かれて姉さんには話した」

「本当？　……本当に？」

「場所はね。土を掘ってまで確認はしていないわ。姉さんは頑なに信じとったけどね」

「泥棒はどうなったの？」

「そのまま逃走して行方不明……だと思っていたんやけど、あの楠の向こう側に窪地があるやろう？」

窪地……。

「あそこに以前は堆肥が積んであったんやけど、十年も経ってその底から白骨になった死体が出てきた。警察が入って、それは捜査がちゃんとされたけど、衣類も腐食されて持ち物もなく、結局身元不明の浮浪者ということになっているんよ」

「それって……」

「……分からんのよ。そのときの泥棒かもしれないし、別人かもしれない。当時の姉さんが一人でそんな深いところに埋めることはできないし、ひょっとして致命傷を負ったと悟った泥棒が、子供を庇うために自分で身体を潜り込ませてそこで果てたのかも――とも思ってみたけど、それも無理があるのよね」

「伯母さんは、どうなったの」

母親は苦笑いをして、

「フラフラしながら帰ってきて、『ああ、せいせいした』って。……けど、暫くして、『これからは自重する』って、真顔で私に言った。それからは、嘘みたいに打って変わって真面目になった。……けれど、地金がそんなだから、時々誰かと揉めることはあったのよ。今度の一件もそんな感じだったみたい」

秋葉さんは話の途中から、どうしても訊いてみたいことがあった。

「しいらくさん、って……？」

「それは昔、親戚の誰かが問題児だった姉さんを『しいらくさんのごとある娘や』って言っていたのを憶えていて、意味はなかなか分からなかったんだけど、そのうち教えてもらってぴったりだと思ったのよね」

「獣の妖怪」

「そうそう。……けど誰の親戚から聞いたんだろう？　随分なお婆さんだったように思うけど」

シイラクそのものについては、母親はそれ以上知らないようだった。

……やはり、あそこに住んでいても見えてはいなかったのか？

「そういえば、そのとき、シイラクは、何かのみさきがみだとも聞いたような」

「みさきがみ？」

「神の使いやね。お稲荷さんの狐みたいなもの」


香奈恵さんは、なかなか学校に来なかったが、漸く出てきたときにはげっそりとやつれていて、クラス中が驚いた。

「香奈恵、大丈夫？」

急な母親の死が、そんなに堪えたのかと皆が同情した。心配を掛けて申し訳ないと返礼をして回っていたが、秋葉さんだけには、

「そうじゃないの。……怖いの」と、言って涙ぐんだ。

詳しい話はしなかったが、何かが起こっているのではないかと思った。

秋葉さんは、全ての事情の説明をすっ飛ばして、

「香奈恵。あの家から逃げなさい。できれば……すぐに」と言うと、ハッとしたように目を見開いて頷いた。

暫くの間、秋葉さんの家から学校に通わせることにし、電話でそのことを香奈恵さんの父親へ話すと、すんなりと了承された。訊くと、自分も身の危険を感じているのだと言う。

秋葉さんの両親には、その旨連絡するとも言われた。

「娘を連れて、私の実家に戻ろうかと思います。準備ができるまで、よろしくお願いします」とのこと。

香奈恵さんの荷物は、すぐに車で運ばれてきた。

秋葉さんの両親は、急に家を出ていくとはどういうことだと、納得しかねる様子だったが、秋葉さんの剣幕に押し切られ、香奈恵さんの様子を見て押し黙った。

そうして……二、三日して、漸く香奈恵さんは、

「お母さんが、お箸を握りしめて、家の中にいるの……。怖いのよ」と、重い口を開いた。

それから十年近くが経った。

保険の外交員になっていた秋葉さんは、そのときの訪問先が香奈恵さんの住んでいたあの家のすぐ近くだということに気付いた。

この一帯には駐車場がないので、遠くに駐めてあの家の前を歩いて通り過ぎなければならない。

厭だったが、風景には懐かしい思いもあった。

家に近付くにつれて、この十年ずっと頭の中にこびりついていた疑問が渦巻く。

シイラクは人を喰う、と知里さんは言った。窪地から出てきたという死体は、シイラクに引き摺り込まれた泥棒なのか？

……いやいや、そんなことはあり得ない。

確かにあのとき何か見えたが、今では幻影のようにも思える。

……ぐるぐると同じことが、考え巡る。

夏の炎天下だった。坂道に息が切れ、汗が流れた。

何か悪臭がし、見やると鳩が車に挽き潰されたらしく路面で腐っていた。

足を速めるが、やたらと地面に小動物の死骸があった。

百足《むかで》、蚯蚓《みみず》、蝸牛《かたつむり》。

皆、干涸《ひか》らびて死んでいた。

それらを無視して、シイラクが神使《みさきがみ》だという話を考えた。みさきがみとは、神霊の出現前の露払い、先鋒なのだそうだ。

では、シイラクが居座っているあの家には、一体何が出現するのだ？

血塗れの箸から芽を吹いた邪悪な神木があり、人を喰うみさきがみがいて……知里さんが……。


ふと気が付くと、あの家の前に立っていた。

誰かが、荒れ果てた玄関ポーチの前で、背中を向けてしゃがんでいる。

いつかの、あの裏庭で話をしたときの知里さんの服装そのままだということに気付いて、振り返らずに死にもの狂いで走った。

知里さんは、この家では不思議なことが起こると言っていた。

まさか、それが起こることを確信して自分から……。

そこに思い至って以来、全くこの件に関しては深掘りしないことを誓ったのだそうだ。

「シイラク」

別名「シイ」。筑紫国と周防灘一帯に出現したという怪獣。

姿はイタチに似て、一つ目で牛馬を食い殺すと伝えられ、農民に大変恐れられた。

各地で別名あり、容姿にも諸説ある。

中国では人を襲う妖獣として、伝承されている。

ウフウヌンワヌウーノッ

――奇譚ルポルタージュ

中学三年の頃だと、浅沼さんは振り返る。

彼は三十代前半（二〇二三年現在）で、転職をしたばかりだという。

明朗快活なタイプの好青年。物事をハキハキと話す。

だが、取材の本題に入る少し前から、言葉に歯切れがなくなった。

結構前のことで細部があやふやだけれどと、彼は前置きをした。


彼が、高校受験を翌年に控えた年の八月のことだった。

部活も引退し、二階の自室で真面目に勉強に精を出す。両親は共働きで邪魔をされない。

集中するのにはうってつけだった。

夕方、飲み物を取りに階下へ下りると家電話が鳴った。

相手はクラスメートの朝倉であった。

浅沼、朝倉。苗字が似ているせいで、友人間ばかりか先生からも言い間違えられることが度々起こった。そのせいではないが、彼は朝倉と仲が良かった。朝倉本人が明るく気持ちょよい性格だったからというのもあるだろう。

朝倉の用件は『明日図書館へ勉強しに行かないか』の誘いだった。

塾の夏期講習に加え、自宅学習をしているから浅沼さんはわざわざ図書館へ行く必要性を感じない。断ると相手は残念そうに電話を切った。何となく壁に掛かったカレンダーを眺めて、ふと気付く。

(朝倉は海外へ行っているはずだ)

ハワイの支社に勤めている親族を両親と三人で訪ねるのだと聞いていた。期間は八月五日から盆明けの週の土曜までだ。今日は八月七日で、既にハワイにいないとおかしい。

受験前の大事な時期だから本当は行きたくない、しかし両親がどうしてもこの時期に行かないと駄目だと強く望んだのだと苦笑いしていた記憶がある。

ハワイから掛けてきたのか。いや、それだったら図書館へ行こうなどと言うはずはない。

壁掛け時計は午後六時になるところで、まだ外は明るかった。ハワイとの時差を考えると、あっちは午後十一時くらいだろうか。

(もしかしたらハワイへ行っていないのか)

電話機に表示されていたのは間違いなく朝倉の家の番号だった。声も彼のものだ。

気になったので掛け直してみたが、誰も出ない。思わず自転車を飛ばし、彼の自宅へ向かう。誰もいなかった。玄関ポーチ脇の駐車場に車もなかった。

その日の晩、九時過ぎと十時過ぎに朝倉宅へ電話を掛けてみたが、やはり誰も取らない。

翌日も全く同じだった。


朝倉と連絡が取れぬまま、八月十五日を迎えた。

夜、風呂まで済ませ、自室の机に向かっているときだった。

何故か強い潮の臭いが漂った。後ろからどん、と重い物を落としたような音が響く。

咄嗟に振り返った。蛍光灯の明々とした光の下、こちら側に近いベッドの縁に何かがいた。一瞬、それが何かを理解できなかった。

全体のシルエットは大きな鸚鵡《おうむ》だ。

とはいえ、目、足、羽、嘴はない。だから鸚鵡だと明言するのには問題がある。単に「鸚鵡みたいなアウトラインだ」と感じたにすぎない。

全体のボリュームは多分、小学校一年生の子供程度はあった。

色味は青みがかったグレーだが、影になったところは黒に近く、明るいところは白っぽい。表面は何となく海棲生物を思わせる。蛸《たこ》にアメフラシのような軟体動物の表皮を足したような質感だった。所々鱗状になっているようにも感じられた。

それが大きくぶるんと震えてから——消えた。

気が付くと椅子から立ち上がっており、両の手を握りしめていた。指を開くと、皮膚が白くなっている。そして夥しい汗で掌が濡れていた。

机の上の時計は午後十一時を回っている。臭いは知らぬうちに消えていた。

さっき、異音がしたのは何時何分だったか覚えていない。勉強を始めたのが九時半過ぎだったことは確かだ。異物を目にしたのは、体感ではほんの僅かな時間だった。

ベッドに近付くが、何の異変もない。自分は幻覚を見たのだ、顔でも洗って気分転換しよう。そう言い聞かせながら自室のドアを開ける。

飛び上がらんばかりに驚いた。すぐそこに母親が立っていた。

髪を整え、化粧をしている。服は結婚披露宴に出席するときに着る、臙脂《えんじ》色のカクテルドレスだった。手にパーティーバッグを抱えている。

声を掛けると、母親は柔らかく笑ってこう言った。

「お呼ばれしちゃって……」

こんな時間に何処かへ呼ばれることはあるのか。いや、それ以前にそんな予定は欠片も聞いていない。そもそもどうして自分の部屋の前に立っていたのだ。

何を訊いても「お呼ばれしちゃって」としか母親は答えず、動こうともしない。

身体を押しのけながら階下の父親を呼びに行こうとしたときだった。

一階から何かが聞こえた。遠くから聞こえる大きな船の汽笛のような音だった。途端に母親がゆったり歩きだす。後を付いていきながら声を掛けるが何も答えない。一階にある両親の寝室に着いた。母親はドアを開ける。

豆球の明かりの下、父親はグッスリ眠っていた。母親がドレスを脱ぎだしたので、慌ててドアを閉める。

このまま目を離すとまた母親が寝室から出ていくのではないか。そしてそのままいなくなるのではないか。何故か怖くなり、ジッとドアの前で耳を欹《そばだ》てた。

静かになった。音を立てないようにドアを開けると、両親はベッドで揃って眠っている。

一安心もつかの間、やはり不安に駆られた。

朝まで両親の部屋の前に座り込み、母親の動向を監視する。

外が明るくなった。目覚ましが鳴り、ややあって母親が起きてくる。

ドアの前でばったり顔を合わせると、彼女は驚いた顔で「どうしたの？」と訊ねてきた。

その顔にはまだメイクが残っていた。

夜中のことを話し、今も化粧したままだと教えた。洗面所で確認した母親が首を捻りながら戻ってくる。確かに化粧はしている。が、お風呂の前に落とした、昨日はいつもより早めに寝たと言う。ドレスを着たことも、息子の部屋の前にいたことも覚えていない。

クローゼットを確かめると、確かにドレスとバッグを取り出した痕跡があった。また、玄関にはドレスに合わせたパンプスが一足揃えられていたが、それもまた誰が出したのか分からず仕舞いだった。

騒がしさに起きてきた父親も同様で、母親が部屋を出ていったことも、戻っていったことも気付いていなかった。


それから同じことは起きていない。

数日後、朝倉から電話が掛かってきた。ハワイ土産があるという連絡だった。会ってみると、少し日焼けをしている以外、違いはない。

電話に関する一連の出来事を話してみたが、彼はただ首を捻るだけだった。

自宅からもハワイからも掛けていないと否定する。

ただ、大きな鸚鵡のシルエットと母親のことを口にしたときだけ、僅かに沈黙したことは確かだった。

＊

さて、ここからは別の人物、井桁さんの話である。彼は初海外にタイを選んだ。彼が二十代後半の頃で、まだ世界的疫病が流行っていない頃だ。

同行する友人は同性の同年代で、何度か海外へ旅行した経験のある人物だった。

初めての海外はとても楽しいもので、初日からタイという国が大好きになった。

定年後か早期リタイア後、もし縁があれば移住しても良いと考えたほどだ。

同行した友人に話してみたが「俺は駄目だなぁ、タイは。欧米とかのほうがいい。というか日本が一番だよ」と彼は渋面を作った。

合わない奴もいるのは当たり前だなと、この話題はそこで終わった。

ツアー三日目の朝方、不意に目が覚めた。

現地時間の午前三時過ぎ。隣のベッドでは友人が軽く鼾《いびき》を立てている。

喉に渇きを覚えた。ベッドから起き上がる。部屋の中は間接照明で薄明るい。

キャリーバッグの側に土産の山があった。戻ったら友人達に渡すものだ。

ペットボトルのミネラルウォーターを飲みながら、窓へ近付く。

カーテンを顔の幅に開け、首を突っ込んだ。

外はホテルの中庭だ。五階だから全体を見渡せる。まだ暗い景色だった。

日本は今何時だろうか。逆算していると窓の外、その右側から何かが視界に入ってきた。

丁度目の前の高さを、丸いものが横切っていく。

第一印象は、スズメバチの巣、だろうか。歪な卵型で、大きさは大玉の西瓜くらいあるような気がした。また、表面もスズメバチの巣を思わせる。茶褐色で鱗状だ。それが暗い宙に浮かび上がるようにして、そろそろと真横一文字に飛んでいく。距離は如何ほどだろうか。少なくとも窓から腕を伸ばしても全く届かない程度はあったと思う。

真っ正面に来たとき、その歪な卵の下部から数本の長いものが垂れていることに気が付いた。太めの紐やホースのように見えた。太さ、長さはまちまちだった。

これは何だと上や下、左右に視線を巡らせたが、吊り下げられるようなものは何もない。いや、それ以前の問題があった。歪な卵とそれから垂れるものがこれだけはっきりと目に捉えられること自体が不自然だ。勿論ホテルの中庭にも点々と外灯があるから完全な闇ではない。それにしては明瞭に見えすぎている。

急に我に返った。窓から飛び退《の》き、友人を叩き起こした。

寝ぼけ眼の彼を引っ張っていき、カーテンを一気に開いた。

宙に浮く卵は、丁度左側へ抜けていくところだった。

友人は唸るように声を上げる。彼も目にしたことは明白だった。

窓は隙間程度しか開けられないので、外に顔を出して行方を探ることはできない。

歪な卵はそのまま建物の陰に入って消えた。

井桁さんは友人と今し方見たものに関して議論を交わし合ったが、答えは出なかった。


日本に帰ってから、友人達とファミレスに集まった。

井桁さんとともに旅行した友人も同席している。

土産を渡しながら、二人であの〈歪な卵〉の話を聞かせた。

友人達は「妖怪だ」「UFOだ」「幽霊だ」「あやかしだ」と持論を展開する。

そのうちの誰かが「タイの妖怪に、女の生首に内臓が垂れた奴がいるらしいぞ。生きている人間の内臓とか糞を喰うらしい（※筆者注・タイのピィ・ガスーと思われる。人の内臓、或いは鳥の内臓、糞を食す。広くアジア地域には似た妖怪が存在するようだ）」と言いながら、スマートフォンの画面を向けた。

そこにはザンバラ髪の女の生首があった。首の下には丸出しの内臓が下がっている。

目にした瞬間、思わず背筋が冷たくなったことを覚えている。

が、やはり自分達が見たものとはかけ離れている気がした。

どちらにせよ正体不明だ、という結論しか出せなかった。

ただ友人の中で一人だけ真顔でこんなことを口にした人物がいる。

「何だかさ、それ、人が見たらよくないモノの気がする」

友人の朝倉だった。

その後、世界的疫病が大流行していた頃、井桁さんの友人が病で亡くなった。

タイへ一緒に旅した人物だった。胃癌で、とても進行が速かったらしい。

見舞いにも葬儀にも訪れることができない御時世であったから、きちんと別れを告げることができなかったことが、今も井桁さんの心残りであるという。

朝倉

浅沼さんは、井桁さんから紹介された人物である。だから、話を聞いた順番は本稿の記載順とは逆だ。ただ、どちらの話にも気になる人物の名がある。

朝倉。

井桁さん自身は浅沼さん繋がりで朝倉と交友を結んだと言う。

そのうち何かの折にでも朝倉氏を御紹介くださいと二人に伝えた。浅沼さん・井桁さんのエピソードの補完をする目的だった。

朝倉は人見知りで難しいと思うが、一応話してみるとお二人は言ってくれた。

それから少しの間連絡が途絶えた。仕方がないのでお二人から聞いた話はそれぞれ単話として何かのタイミングで書こうと考えていたが、ある日浅沼さんから連絡が入った。

『朝倉が話してみたいっていうんですが』。

小説やルポを書いている人間に会ってみたいと言うのだ。しかし浅沼さんは頻りに不思議がる。朝倉氏が自分から誰それに会いたいと言うのはこれまでなかったらしい。そもそも人見知りであり、井桁さんと打ち解けるまでかなり時間が掛かったくらいなのだから。

兎も角、一度会いましょう、感染のリスクに気を付けながら、と伝えてもらった。

ここからは朝倉氏——朝倉保さんの話になる。

単なる雑談から次第に変化していき、途中から彼が「気になっていること」を聞く形へ変わった。当然、長期に亘り伺ったものになる。

では、朝倉さんの話を始めよう。

幼少期の終わりに

朝倉保《あさくらたもつ》さんは、関東某所で産まれた。

父親の仕事の都合で日本国内を点々とする生活だった。一箇所に留まれるようになったのは中学二年の頃である。以降は大学進学まで引っ越しをしていない。

そんな朝倉さんが最初に記憶している映像がある。

青い景色で、誰かに抱かれているものだ。

遠くに、青黒くなだらかな稜線《りょうせん》が左右に走っている。夜明け前なのか、日が暮れた直後なのか分からないが、周りは薄青い。まだ赤ん坊の自分を抱く腕がとても冷たかった。

——ただそれだけの記憶だ。今も思い出せる。ただし、細部はぼんやりとしており、生々しさは一切ない。紗《うすぎぬ》が掛かったような朧気なものだ。

幾度か両親に「こんな風景の思い出があるのだが、〈心当たりはないか」と訊ねた。二人とも覚えていなかった。もしかしたらそういう状況があったかもしれないが、明確にこれだと言えることはないようだ。だから、答えはなきに等しかった。

次の記憶は、保育園の風景だ。確か年長の頃だろう。

受け持ちの保育士が目の前に立っている。背中をこちらに向けていた。そのジャージの両足の合間から、友達らが楽しそうに踊っている姿が見えた。

とても幸せで楽しい気持ちで、その光景を眺めている。

そのうち、どうして自分はただ見ているだけなのだろうと疑問を抱いた。

自分も踊りたいと後ろからその保育士の手を引っ張る。

途端に彼女は何事か大声を上げた。

そして、さっきまで踊っていた友達全員が、キョトンとしてこちらを見つめている。

保育士が外へ飛び出していったところで、記憶は途切れた。

当然このときに両親はおらず、この保育園も遠方となったため、記憶を確認する術はない。


保育園の次は、小学校入学の景色だった。

桜が咲き誇っていたとか、青空だったという部分は抜け落ちている。

ただ、スーツ姿の父親と、いつもと違う華やかな色のワンピースを身に着けた母親が両脇にいた。三人揃って立っているのは、講堂か体育館の出入り口だ。

他の親子が歩いていく中、自分と両親は立ち止まったまま建物を見つめている。

母親が屋根の上を指差し、そのまま両手で手招きした。
何かがチラリと動き、そして大きな太鼓のような音がした。
父親が何かを口に出し、母親と朝倉さんを伴って建物内部へ入った。
その後は普通に入学式が始まった。
後にアルバムに残った写真を確認したが、両親の装いと建物が記憶と違っていた。
父母曰く「小学校は何度か移ったから、記憶と想像の混同が起こったのだろう」。
しかし、母親が屋根の上を指差し、手招きしたことは一切否定していた。

これ以降、前述したようなおかしな記憶はない。

式典の日

中学卒業を迎えた。
父親は仕事の都合で欠席。母親だけが参列した。この年齢になれば、朝倉さんも父親の不参加に対し理解することは難しくない。

小学校から中学卒業まで、転校回数は四回を数えていた。

大体、二年に一度の計算になる。おかげで志望高校の選定と試験対策にかなり苦労した。

仕方がないとはいえそれに関してのみ、いろいろ思うところがあった。

そして、引っ越しのたびに〈少しだけ不可解な出来事〉が起こったのも引っかかっている。

まず、小学二年の頃だ。

当時仲が良かったのは浩二という男子だった。

今にして思うと問題行動が少なからずあった人物だ。が、一緒に過ごすことが多かった。

勿論他にも友人はいたが、何故か浩二がいつも傍にいた。

ある晩秋の午後、習い事へ出かけているときだった。

道路の対岸から声を掛けられた。浩二だった。彼も少年野球へ行く途中の様子だ。

何事か大声で短くやりとりを繰り返した。当然、周囲の雑音で幾度となく訊き返すことがお互い増える。焦れた浩二が道路を渡りながら、大声で叫んだ。

「おおうい、一緒におるんは、ダレぇ⁉」

一緒？　誰？　自分は独りだ。横や後ろを振り返っても通行人しかいない。

誰もおらんよ、と浩二に視線を戻したときだ。

彼のすぐ傍で乗用車が急ブレーキを掛けるところだった。寸でのところで停車できたが、僅かに間違えば跳ねられていた可能性が高い。

運転手が降りてきた。怖そうな若い男だった。周囲を歩いていた大人も何か大声を上げている。浩二が逃げ出した。朝倉さんもそこから離れた。

翌日には学校にばれ、浩二共々校長から「車道に飛び出すな」と注意された。

その後、何故あのとき〈一緒にいるのは誰だ〉と訊いたのか浩二に問いただしたが、彼はあまりよく覚えていないようだった。


翌年、三年に進級する前に引っ越しが決まった。

それから間もなくして、浩二の家が燃えた。不審火だった。

ただし、燃える前に彼は家族といなくなっていた。俗に言う夜逃げだ。

子供だった朝倉さんにその行方が分かるはずもなく、今も浩二の一家が何処でどうしているのか不明のままである。

＊

次に小学四年が終わる前だ。新年度に合わせて引っ越すことが決まっていた。三学期が終わった翌日、クラスメート達が簡単なお別れ会を行ってくれる。一番大きな家に住んでいた児玉真一の家が会場だった。

集まった全員が名残を惜しんでくれて、とても寂しい気持ちになった。御菓子とジュースを飲みながら、引っ越し後のことを語り合っていると、チャイムが鳴る。真一の母親が出るが、誰もいなかったらしい。

「誰か遅れてくるんじゃないの？」と訊かれたが、参加者は全員集まっていた。

同じことが何度か起きた後、突然大きな音がして家が激しく揺れた。

全員驚いて狼狽《うろた》えていると真一の母親が飛んでくる。地震だから身を低くして外へ出ろ、慌てずに、と玄関へ誘導を始めた。

移動中も揺れは収まらない。怯えながら庭に出て、そして気付いた。外は全く揺れていなかった。実際、その日のニュースで該当地域の地震報道はなく、結局幻の地震だったのだな、と子供心なりに思った。

引っ越しをした後も真一達クラスメートと手紙や電話のやりとりをしたが、新しい学校に慣れるに従い、それもすぐに終わってしまった。

後年、大学に通っていたときネットで偶々真一の父親の名前を見つけた。当時から変わった名だなと思っていたから、すぐに分かった。

真一の父親は事件に巻き込まれていた。

同時に真一についても検索してみたが、若くして亡くなっていたことを知った。

詳細を知りたくなり、当時のクラスメートがいないかと各種ＳＮＳを探す。数人ヒットしたが、そこで躊躇してしまった。

人の不幸を確認するためだけの行動をするなんて、と自分が気持ち悪くなったからだ。

だから、今も当時のクラスメートに訊けぬままである。

＊

中学入学を前にして、新しい土地へ移った。

小学校の卒業式を終えると慌ただしく引っ越しをしたので、気持ちの切り替えがほぼないままだったと記憶している。

これまでの転校である程度慣れていたので特に問題はなかった。どちらかといえば中学進学による新しい環境、勉強内容にどう対応していくかが大事だったように思う。

移り住んだ先で、父親の同僚が家にやってきた。

名を別所と言う。同僚と言ってもまだ三十になるかならないかくらいで、父親より歳下だ。だから上司と部下という関係のようだった。

朝倉さんは一目見たときから別所が苦手だった。

具体的な理由はあまりない。相手は清潔感もあるし、朗らかな青年だ。しかし気に喰わない。癇《かん》に障る。気持ち悪い。ただそれだけだったが、耐えられなかった。

入学式を明後日に控えた日、父親が別所を連れて家に戻ってきた。

咄嗟に二階の自室へ逃げ込んだ。来客である別所にまともな挨拶をしなかったので、父親の怒声が聞こえた。丁度その頃は反抗期が始まっていた時期だ。両親との関係が若干ぎくしゃくしていたこともあり、やけに怒りが込み上げてくる。

煩い、黙れ、糞が。そんな言葉を飲み込んで、ベッドに寝転がった。

イヤホンで音楽を大音量で聞きながら漫画を読む。

何冊目の単行本を読み終えたときだったか。

次の巻を手に取ろうと上半身を起こしたとき、息が止まるほど驚いた。

部屋の中、目の前に立つ別所の姿があった。

左方にある窓に身体ごと向いたまま、直立不動だ。

右側にある出入り口のドアは閉まっていた。別所がいつからいたのか分からない。

彼はこちらを一瞥もせず、ジッと窓のほうを呆けた顔で見つめている。

イヤホンを外した。声を掛けようか逡巡していると、別所が動き始めた。

彼は窓から目を外さず、滑るように後ろへ移動していく。ぎこちないムーンウォークのようだった。

表情も変えずドアにぶつかると後ろ手でノブを掴み、開けた。そのまま窓方面から視線を外さぬまま、廊下へ出ていく。そして音を立てないようにドアを閉めた。

別所が何を見ていたのか気になった。すぐさま窓を調べて見たが、閉じたカーテンと普通のサッシ窓があるだけで異常は何もなかった。

階下から別所を送り出す両親の声が聞こえる。別段おかしなことがないやりとりだった。

その後、父親から別所への非礼を叱られた。そこで部屋に相手が来たことを教えると、父親は意味が分からないという表情を浮かべる。確かに別所はトイレで一度席を外したが、すぐに戻ってきたという。叱られたくないから他人に何らかの非を被せて誤魔化そうとしているのかと、火に油を注いだ結果になっただけだった。

——そして、中学校入学式の晩だった。

別所が自損事故の果て、亡くなったと家に連絡が入った。

その後、通夜と葬儀両方に出た父親曰く。

「顔は、綺麗にしてもらったんだろう」

葬儀から帰ってきた父親は異様なほど疲れていたのが今も深く印象に残っている。

最後の転勤

朝倉さんの父親が最後の転勤をしたのは、中学一年が終わったときだ。

約一年の短さで引っ越しになったのは初めてだったと思う。

本社勤務になったことで、関東に居を構えることになった。

当初は（すぐにまた引っ越しがあるんだろうな）と思っていたが、以降転勤はなかった。

新しい家は中古住宅を購入したものだ。

中古とはいえ程度は良く、部屋数や使い勝手も申し分なかった。

駅から少し歩くが、それでも便利な立地だったと思う。

思えば家を買ったことで「この先転勤はないんだな。そういうことなんだな」と理解できるはずだが、子供だったせいかそこまで想像が働かなかった。

高校受験の準備を始めた頃、改めて両親から「これから引っ越しはないから、じっくり志望校を選びなさい」と言われたことで自覚できたと言える。


新しい家に住み始めてから思い返したことがある。

思い返せば、引っ越し前の中学一年の頃は何かと人死にがあった。

別所から始まったそれは、次にクラスメートの父親が職場で事故に巻き込まれ死亡。

それから間もなくして、母親が親しくなり始めた家の息子が突然死（会社の人間関係に悩んでの自殺という噂だった）。

更に父親の職場の人間が飛び降りをした。両足の骨折で済んだ、良かったと言っていた最中、再び自死をしてしまった。二回目の死因は聞けず仕舞いだ。

弔事に囲まれ続けた一年から考えると、新居での生活は平穏そのものだった。が――。

父方の実家

関東に落ち着いてから、両親の実家との繋がりが復活した。

朝倉さんが物心付いたときから、祖父母からの贈り物や電話などのやりとりはあったが、それぞれの家へ訪れたことはない。

転勤の連続で距離があったことが理由だ。とはいえ、母方の実家は小学生の頃住んでいた地域の一つからなら新幹線ですぐだったはずだ。それでも頑なに父方母方の祖父母宅を訪ねることはなかった。

初めて母方の実家を訪れたのは中学二年の冬だった。

写真で見たことはあるが、ほぼ初対面の祖父母である。二人の柔和な風貌は母親を思わせた。が、やはり緊張する。相手もどう対応して良いか分からない様子だった。

「まだ赤ンぼの頃に、会っただげだがらな」

祖父母が言うには、里帰り出産で母親が実家へ戻ってきたとき以降会っていないと言う。確かに父と母、どちらの家の祖父母にも会った思い出はない。

一泊した頃には、お互い自然に振る舞えるようになった。

母方の祖父母宅は普通の中流家庭であり、居心地はとても良かった。

この母親の実家に父親は付いてきていない。仕事の都合だという話だった。

父親の実家に初訪問したのはそれからずっと遅れてからだ。

高校一年の終わりくらいで、まだ大学受験に向けて切羽詰まっていない時期を選んだ記憶がある。このとき、母親は自宅で留守番をすることになっていた。外せない用事と荷物の受け取りがあるという話だった。

関東からの移動は非常に面倒なルートだった。早朝、家から電車で品川まで出て羽田へ。飛んだ先でレンタカーを借り、高速へ乗った。二時間ほど走った先で高速を降り、以降は下道だった。海沿いに出たかと思えば次は山側へ入り、深い谷底を横目に延々と車を走らせる。

到着したのは完全に日が暮れた頃だった。所謂寒村、過疎地域・限界集落だ。

簡単に来られない、何度も来るところではないと朝倉さんは辟易《へきえき》してしまった。

父方の祖父母の印象は、それぞれ違った。

祖母は小さくて幸薄そうな顔をしているな、と失礼ながら感じた。

祖父は痩せて背が高く、険があった。声色も太く鋭い。この地方特有の方言なのか、まるで喧嘩腰のような口調だった。そもそも一声目が「保か。歳ン割に、ひ弱か」だった。

何となく祖父は自分に合わないなと思いつつ、家に入る。

古びた外見の割に、中がモダンなので面食らう。

「こン人が、いつか保ちゃんが来るって言うケ、張り切っていろいろ改装したンよ」

外見に似合わない明るい口調で祖母が教えてくれた。

よくよく観察してみれば、不器用な祖父とコミュニケーション能力の高い祖母の組み合わせであることが理解できる。ああ、これなら上手く過ごせそうだと安堵した。

初日と二日目は祖父母の案内で山向こうの観光地巡りと美味しいもの責めだった。合間の会話で、祖父が教えてくれた。

「俺ン二代前がここへ移り住んだ」

祖父の説明では、祖父の祖父、朝倉さんにとって高祖父に当たる人物が東海地方から親族一同で移動してきたと言う。

その証拠だと家の裏手にある小さな社を、祖父は見せた。

古びた木製の小さな社だが、丁寧に手入れされているせいかさほど傷んでいない。

ただし、石の土台に載る四本の足が不自然に長く、かなり背が高い。正面にある観音開きの扉が胸の高さにあったほどだ。

その扉は閉ざされ、小さな錠前が掛かっていた。扉の隙間に何か粘土か土が所々に入り込んでいる。前には榊や酒が白い祭器とともに供えられていた。

「これは、海ンカミサンよ。朝倉ン家は海ン出よ」

朝倉家は元々東海地方で海に纏わる仕事に従事していた。当然海神やエベッサン（夷子様）を祀っていたが、家独特の神を信心するようになった。

それがこの社のカミであるらしい。

東海からここへ来る際、大事に連れてきたのだと祖父は言う。こんな山の中で海の神様を祀っている理由はそれか、と朝倉さんは感心した。

「でもよ、朝倉ン家って言うが、元々は違う名前やったが。朝倉になったのは二代前よ。ここン移り住む前ン変えたが」

改姓である。簡単に変えられるのか、もしや改姓に関して緩和されたときだったのか、それとも他に何か裏技的なことがあったのか。祖父に訊ねてみたが、それに関しては知らんと斬って捨てられた。

どちらにせよこの神様は先祖代々祀っているのだ。社に手を合わせようとしたとき、祖父が鋭い声を上げた。そして朝倉さんの手を叩き落とす。

この社に手を合わせてはいけないのだと説明された。

なら頭を垂れるだけかと訊くが、そうではないと言われた。

「こうするンだ」

祖父が土に両膝を突いた。社の扉が頭の上に位置する形になる。

そして掌を上に向けたまま手の甲を地面に付け、平伏するように腰を折った。当然、土に触れている手はそのまま前に向け、スライドするように移動する。

そのまま上半身を起こし、両手を膝に乗せてから立ち上がった。

「社を拝むときは、カミサンに顔を見られたらいかん」

あまりに強いカミなので、普通に拝むと障るからだと言う。

祖父の説明だと、その海ンカミサンと合わせてもう一つのカミを社の内側に祀っていると言う。海ンカミサンの力を薄め、障りづらくするためだ。

祖父の拝み方を真似ようと膝を折りかけたときだった。

「やっぱり保は拝まんでよか！」

祖父は断言した。室内に戻ると、祖母は静かにお茶の準備をしている。あの社は祖母や女性が近付いてはいけないのだと祖父が説明する。ああ、だから祖母は誘っても出てこなかったのかと納得した。


社を目にしてから、朝倉さんはあの海ンカミサンが気になって仕方がなかった。そういう類いの話が好きだというより、自分のルーツに繋がることだから、もう少しいろいろ知りたかったにすぎない。彼は歴史に関することが好きだった。

風呂まで終え、祖父母と団欒《だんらん》の最中に話題に出してみた。

海ンカミサンをわざわざここまで伴って移り住んだ理由とは一体なんですか？　と。

祖父は朗らかに答えた。

「そりゃあ、元ン土地に住めンごッなったかいよ」

海を生業《なりわい》の場とする人間達は気性が荒い。だからいろいろ諍いがあったらしい。

当然、種々のトラブルは日常茶飯事だったが、そのときは酷かったらしいと祖父は笑う。

祖母も父親も別段否定しない。詳細は口幅《くちはば》ることである上、二代前ともなると伝聞が多く真実とはほど遠い可能性が高いので、あまり話さないほうが良いと祖父は言い捨てた。

ただ、そのトラブルが原因で改姓をしたことは事実のようだ。逃げるに際し、後を追われないように家屋と家財道具とともに元の名を捨てた、と表現していた。

しかしそんな状況でどうして〈海ンカミサン〉を連れて移動したのだろうか。元の痕跡を残さぬよう全てを捨てて逃走するのなら、全て捨て置いて逃げるのが定石だ。現に家財道具一式放置して出奔したと言う話ではないか。それなのに〈海ンカミサン〉だけ持ち出すのは不自然だと、朝倉さんは疑問を口にする。

「それは海ンカミサンを捨てられん事情がある」

東海地方で海の仕事を生業としていた当初は、海の仕事を嗜《たしな》む人間らがよくやる験担ぎや祭事をやっていた。ところがあるとき二代前が〈海ンカミサン〉を迎え入れてからは、全く別種の祭事や拝み方に変わった。要するにそれまでの信仰を捨てたのだ。

以降はかなり羽振りが良くなっていった。だから、その時点で朝倉の家は海ンカミサンを兎に角大事にする、と決められた。

「その海ンカミサンは、東海地方の海の中から拾ってきたもンらしい」

それがどんな姿をしているか、祖父は知らない。否。本当の姿を知らない。

現在の社は祖父の父親、曾祖父の代に建て替えがあった。

青年だった祖父は、その一部始終を目にしている。

建て替えには何故か神職や僧侶は立ち会わず、遠方から来たという中年男性が白い木綿の着物姿であれこれ指図していた。角刈りでその辺にいそうな中年男性だった。

この人物は俗に言う拝み屋らしいのだが、周りは彼を「ウフンさん」「ウフンワノさん」と呼んでいた。苗字や下の名ではない（正式には「ゥフゥヌン ヮヌゥーノッさん」という発音だったようだ。難しいので、周囲は彼をウフンさんと称したのである。朝倉さんにお祖父さんの発音を再現していただいたが、このように呑み込むような発音が入る）。

このウフンさんへの連絡先は、次回の社建て替えに備えるため祖父に伝えられている。古びた祖父の手帳に書き付けられているのを後から見せてもらった。普通の名前だった。喩えるなら「田之上靖史」のような感じだった。

この建て替えの際、祖父は扉の内部を見ている。中に二つのものが祀られていた。

一つは楕円形で、大人の掌サイズ程度の薄い石だった。社内に縦の状態で立てかけられている。こちらが海ンカミサンの力を薄めていると聞いた。

もう一つは異様さが際立っていた。

歪んだ紡錘形《ぼうすいけい》で、ラグビーボール程度のサイズだった。

薄手の石と同じく縦に立てかけられていたが、その下に小さな座布団のようなものが敷かれている。仏壇の輪《りん》を置くものに似ているが、かなり色褪せ、劣化していた。

周囲は釣りで使う板オモリのような鉛色の金属でぐるぐる巻きにされており、それが解けないよう固定するためか、所々小指くらいの長さの細い鎹《かすがい》状のものが打ち込まれている（祖父曰く「中に本体があるが隠してあると聞いた。親父（曾祖父）も見たことがない」）。

ウフンさんは、海ンカミサンとその下にある敷物を手にするときだけ直接触れないよう、白い晒《さらし》を被せてから掴んでいた。他の物は素手だったから、印象に強く残った。

海ンカミサンは見た目よりかなり重いようで、両手を使わないといけないほどだ。下の敷物は晒で掴んだ端から崩壊していき、形も残らなかった。

社から出された海ンカミサンと石は母屋の一部屋へ安置された。

その前でウフンさんが何かの儀式をし、新しい社へ移すまでは部屋への人の立ち入りを禁じた。例外はウフンさんと家長である曾祖父だけである。ウフンさんは拝むため、曾祖父は海ンカミサンと石に朝晩にお供えをするためであった。

ウフンさんは数日滞在し、その間に半完成の社を設置する。新しい社が完成したら海ンカミサンと石を納め、改めて儀式が執り行われた。

神社やお寺で見ないような様式で、唱えているのも祝詞やお経ではなく、意味不明の言葉だった。この際、件《くだん》の〈掌を上に向けた拝み方〉を、このウフンさんもしていた。

最後に扉を閉じ、扉の隙間を土で目止めした上で錠前を掛けた。そして立ち並ぶ朝倉家の男達に、ウフンさんはこんな言葉を掛けた。

「こん《この》カミサンはようけ危ないケェ、きちんとここまで祀ってもまだ安心デケン《できん》。みだりに扉を開けるナよ。粗末に扱うと、一族郎党どころか、広くとんでもないしっぺ返しがあるケェ、ちゃんとし」

富み栄えるからだけではなく、こういう意味でも大事に朝倉の人間が守らないといけないのだと祖父はそこで理解したようだ。各種の拝み方や禁忌を参列者に教えると、ウフンさんは「改めて言うが」とこんなことを言い添えた。

〈朝倉家は海ンカミサンを祀ってしまったから、もう手放すことはできない。もし海ンカミサンを手放したらしっぺ返し程度では済まないだろう。朝倉家だけで済めばいいが、多分そうはならない。このカミサンは強いから。それに相手は人の言葉や気持ちが分からない。何かしでかしても、言い訳できないし、どうしようもない〉

曾祖父はウフンさんに多数の土産とお礼の金を包み、駅まで送っていった。

祖父は言う。

「あと十数年したら、また建て替えをせなならン。それまでンお前達にも拝み方やら、しちゃならンことを教えて――ウフンさんの跡取りに来てもらわんといけンが。でもなぁ」

ウフンさんは代替わりをしていた。先代のウフンさんが海ンカミサンの社の建て替え直後に不審死をしていたことを知ったのは、祖父が四十代の頃だ。

連絡先が変わっていないかどうかを確認するため手紙を出したのだが、返信の手紙には新しい電話番号とともに、田之上某とは別の名前があった。

電話を掛けてみると『先々代の○○は亡くなり、息子である私が継いだ』と言う。

彼はウフンさんの息子だった。先代は朝倉家から戻った直後に失踪し、三日後、何故か自宅内の押し入れで手足を折り曲げ、土下座するような姿で事切れているのが発見された。

死因はよく分からないと言うことだった。

「じゃけぇ息子さんは全部継いでいないから、社の建て替え方は半端になる、やと」

明らかに困った顔を祖父は浮かべていた。

いろいろ聞いてみたものの、朝倉さんからすれば単なるオカルト話にすぎない。社の建て替えも、壊れたら近所の神社へ頼んで移せば良いだけの話だろうと軽く考えていた。

父親のほうを見ると、彼は神妙な顔つきになっている。験を担ぐタイプではなかったが、時々異様なほど神仏への礼儀を大事にするタイプだったことを思い出した。

ふと、朝倉さんはこんな質問を重ねてみた。

「その、海ンカミサン、って一体何なの？」

ウフンさんと親父（曾祖父）が話すのを横で聞いたと、祖父は前置きして言った。

「正体不明の類いらしいが」

ウフンさんが言うには「我々が一般的にいう御神仏でも、然《さ》りとて人や動物を祀ったものでもない。そのどの理《ことわり》からも外れている」。

だから、この海ンカミサンには人語が一切通じないのだ。

ウフンさんの言葉を借りれば「御神仏や人、動物からかけ離れた存在だから」。

これにより、独特の言語と祀り方があるのだと言っていた。

「だから儀式で拝んでいる言葉が分からンかったんやろう」

祖父が、当時ウフンさんが拝んだときの口調を真似した。

ヤーアヤーア——ダラダラ——ノーゴン——ダラダラ——ノーゴン——。

喃語《なんご》のような響きだ。揺らぐような節が付いている。

改めて祖父に書いてもらったが、全部カタカナだ（——は朝倉さんが覚えていないパート。「ヤーアヤーア」「ノーゴン」「ダラダラ」は記憶している）。

「これが海ンカミサンの拝み言葉なンやろか。俺ニャア何と言っているか分からん」

十何年後、ちゃんと建て替えができると良いが、と祖父は不安な表情を覗かせた。

依然として

朝倉さんが大学二年の晩秋だった。

学びたい学部を選んだことで、実家から少し離れた場所で暮らしていた。

今年の暮れは父方の祖父母宅で過ごす、と父親から命じられていた。

あれ以来、父方母方の祖父母宅へ何度か足を運んでいた。だが、必ず父方には父だけが、母方には母だけが同行することになっていた。

正直な話、大学生ともなれば、祖父母宅の訪問は面倒さが勝つ。父方の社も不気味だ。何か理由を付けて断れないか画策している最中、父親から携帯に電話が入った。

父方の祖母が亡くなったという連絡だった。

葬儀は父方の祖父母宅で行われたが、弔問客は少なかった。集落に人がいないこともあるが、僻地《へきち》すぎて親族も一部しか来られなかったのだ。

祖母はあの社の前に倒れており、その時点で呼吸が止まっていた。

死因は急性心筋梗塞だったようだ。発見者は祖父で、家から姿を消した祖母を探しているときに見つけたらしい。

あの社には近付くなと言っていたのに何故、と祖父は憔悴《しょうすい》しきっていた。まるで社に近付いたから死んだと言わんばかりの口調だったのが、やけに気になった。

祖母の死後、翌年の松が明けた。その頃、父方の祖父もまた身罷《みまか》った。

父親の元へ警察から連絡が入って分かったのだ。

祖母と同じく急性心筋梗塞らしいのだが、発見場所に疑問符が付いた。

祖父は自宅から遠く離れた海辺の町で息を引き取っていた。

自家用車を運転し、何時間も掛けて海側へ移動していたのである。

車内に高速の領収書やコンビニやＳＡ《サービスエリア》のレシートが残っていた。後からそれを見たが、何故か二人分の食事をしている上、ステーキやハンバーグなどの肉メニューが多かった。

祖父の車が駐められていたのは東海地方の海ではない。全く別の海である。

フロントを海に向け、きちんとパーキングブレーキと鍵を掛けた状態だった。

しかし、その遺体が見つかったのは車から離れた路上だ。距離にして数キロある。

発見者は新聞配達のバイクで、まだ暗く寒い早朝のことだった。

状況が状況だったことで遺体が戻ってくるまでかなり時間が掛かったが、結局は事件性はなしで、旅行者の突然死だと判断された。

祖父を失った父方の実家で再び葬儀になった。

その際、あの海ンカミサンの社が姿を消したことが判明した。

土台の石は四つ残っていたが、上物である社は何処にもない。また乱暴に運んだのか、お供え用の祭器が地面に落ちて粉々に割れていた。

もしや祖母を失った祖父がやったのではないか。自分の車に積んで何処かへ捨てたのではないかと父親は狼狽えたが、発見された車内にそれらしいものは見つかっていない。

だから社の行方は祀られた海ンカミサンごと分からないままだ。


一つ不審な点を上げれば、件の社前に無数の足跡があったことだ。

地下足袋らしいものからスニーカーらしきもの、トレッキングシューズらしいものまでいろいろだった。それも見た感じかなり大きいサイズばかりだ。

状況的にこれが泥棒の足跡ではないかと駐在に一応盗難で訴え出てみたが、未だ犯人は見つかっていない。

今現在、朝倉さんの父方の実家は解体され、土地も処分された。

引き金

朝倉さんは今も実家に戻っていない。

父母は何事もなく暮らしている。実家にさほど帰らないのは、同年代だとよくある普通のことだから、気にも留めていない。世界的疫病が流行してもしなくても関係なかった。

そんな朝倉さんだが、偶におかしなことがあるのだと言う。

具体的にこれだ、こういうことだと言い表せないが、と前置きした。

「変な気配がある」

自分一人なのに、多数の気配を感じるようだ。どのような感覚かと問えば、駅や道の雑踏、大人数の人間が集まるイベント会場のような感じではない、と断言する。

何か人ではない、得体の知れない何かが複数あって、それらに取り囲まれているようだと喩えた。その直後、変な話でスミマセンと朝倉さんは自嘲する。

人ではないと彼の言葉を耳にしながら、ふと浅沼さんと井桁さんの体験談を思い出した。片や鸚鵡のような、片やスズメバチの巣のような、だった。共に人ではない。

朝倉さんに、浅沼さんと井桁さんに最近会ったか、と訊ねてみた。

近年は忙しさや疫病で会えず仕舞いであったが、時々電話やリモート飲み会をするようになったと彼は答える。今回の取材の件についても三人で記憶の擦り合わせなどを行ってくれていた。それで出てきたことは順次原稿へ反映させている。勿論、朝倉さんも彼らからそれぞれの体験を聞いていた。

承知しているなら話は早い。

二人が人ではないものを目にしていたことについては、と水を向ける。

こちらの聞きたい内容を察したのか、朝倉さんは目を丸くした後、すぐに冷静な表情を取り戻した。二人が見たものは幻だと思いたい、と彼は真剣な面持ちだ。

どうして幻と思いたいのかと言えば「何となくだが、自分がトリガーになったんじゃないかと思ってしまうから」と答えた。

彼らが異様なモノを目にしたのは、それぞれ朝倉さんと仲良くなった頃とほぼ時を同じくしていると説明を受けた。これに加え、朝倉さんは自身の幼少からの体験と、件の社関連のことが心に引っかかっているようだ。とはいえ、誰も朝倉さんが原因だとは言えるほどの確証を持たないのも事実であった。

質問のせいか、朝倉さんの態度が硬くなってしまった。

話題を変えるため、社前にあった靴跡についてもう一度訊ねた。

朝倉さんも直接目にしたと聞いていたからだ。

そのときの印象だと「この集落の人のものは、地下足袋だけの気がする。後はどことなく若い人の靴のイメージ。多分集落外から来ている。それは単にそう思っただけだが。サイズは自分の足と比較してもかなり大きかった。二十七から二十九とかそういう感じ」。

社がなくなった時期を再確認した。

二〇一一年の松が明けた後、父方の祖父の葬儀のときだった。二月に入ってからである。

朝倉家が祀っていた社。海ンカミサンとは何だったのか。

そして、何故祖父の死のタイミングで姿を消したのか。

ただ確実なのは、海ンカミサンが朝倉家から離れたことだ。朝倉さんはゥフゥヌン ヮヌゥーノッさん――ウフンさんが祖父に伝えた言葉を思い出す。

〈手放すことはできない。もし海ンカミサンを手放したら――〉

盗まれたとしても手放したことになるのか、どうなるのか。

未だ、それは分からず仕舞いのままである。

著者プロフィール

加藤一（かとうはじめ）
国内最長現役最古の実話怪談シリーズ『「超」怖い話』の四代目編著者。『恐怖箱』総監修者。著、編、監修を担当した実話怪談本は二百冊を超えてから数えていない。

久田樹生（ひさだたつき）
作家。近著に『犬鳴村〈小説版〉』『樹海村〈小説版〉』『牛首村〈小説版〉』『忌怪島〈小説版〉』『仙台怪談（森野美夜子・藤田りんご共著）』等がある。

蛙坂須美（あさかすみ）
作家。東京都墨田区生まれ。実話怪談の著書に『怪談六道ねむり地獄』、共著『実話奇彩 怪談散華』『実話怪談 虚ろ坂』等。その他文芸誌への寄稿も行っている。

つくね乱蔵（つくねらんぞう）
様々な仕事で培った、豊富な人脈と経験を武器とする厭系実話怪談作家。「安全地帯にいる読者を沼に引きずり込む」がモットーである。代表作に『恐怖箱 厭福』他多数。

雨宮淳司（あめみやじゅんじ）
二〇〇六年に実話怪談コンテスト【超-1】に参加、以降怪談作品を発表する。著書に『恐怖箱 魔炎』『水呪』、共著に『黄泉つなぎ百物語』など多数。

渡部正和（わたなべまさかず）
山形県出身、千葉県在住。二〇一〇年より『「超」怖い話』に参加。主な著作に『鬼訊怪談』『「超」怖い話 鬼市』『「超」怖い話 鬼門』『「超」怖い話 隠鬼』『「超」怖い話 鬼窟』など。

高田公太（たかだこうた）
青森県弘前在住の怪談作家。最新刊『絶怪』を始め、既刊に『青森怪談 弘前乃怪』『怪談 恐山』『恐怖箱 青森乃怪』『怪の細道 東北巡礼』他多数。

内藤駆（ないとうかける）
怪談（実話、創作共に）と夜のランニングが好きな孤独な男。著作に『異形連夜 禍つ神』『恐怖箱 夜泣怪談』『恐怖箱 夜行怪談』の他、恐怖箱シリーズに参加多数。

神沼三平太（かみぬまさんぺいた）
神奈川県の海辺の町出身の怪談おじさん。相模原市在住。湘南の海は深夜に訪れる派。既刊に『実話怪談 揺籃蒐』など多数。世界が平和でありますように。

松本エムザ（まつもとえむざ）
竹書房怪談マンスリーコンテスト受賞を機に二〇一九年『誘ゐ怪談』を上梓。単著『貰い火怪談』『狐火怪談』、共著『恐怖箱』アンソロジー等。栃木県在住。

深澤 夜（ふかさわよる）
栃木県生まれ。『「超」怖い話』十干十二支シリーズの共著。
@FukasawaYoru

服部義史（はっとりよしふみ）
既刊に単著『恐怖実話 北怪道』『蝦夷忌憚 北怪導』『恐怖箱 屍役所』『（同）怪画』『（同）怪書』『（同）怪玩』『（同）心霊外科』、『実話怪奇録 北の闇から』がある。

ねこや堂（ねこやどう）
実話怪談発掘企画【超 - 1】を経て恐怖箱へ参戦。主な著書は通称「百式」と呼ばれる『百物語』シリーズの共著及び恐怖箱アンソロジー。単著『実話怪談 封印匣』。

正木信太郎（まさきしんたろう）
怪談師、怪談作家。幽霊譚は少なく、不気味で不思議な奇談を多く取り扱う。代表作は単著『神職怪談』。東京都内で怪談イベント『寄り道怪談』を主催。

多故くらら（たこくらら）
共著に『投稿 瞬殺怪談』。タコクラゲとトマトが好き。

ふうらい牡丹（ふうらいぼたん）
大阪在住。本業は落語家です。短歌を詠むのが好きです。共著に『怪談四十九夜 荼毘』『村怪談 現代実話異録』等。

三雲 央（みくもひろし）
実話怪談大会【超 - 1】参加をきっかけに怪談の執筆を開始。主な著作に『心霊目撃談 現』。その他『恐怖箱』シリーズなど。

浦宮キヨ（うらみやきよ）
静岡県焼津市出身、浜松市在住。学校図書室のホラー小説やインターネット掲示板のオカルト板などを経て怪談にのめり込み、趣味で怪談を収集・執筆中。

★読者アンケートのお願い

本書のご感想をお寄せください。アンケートをお寄せいただきました方から抽選で 10 名様に図書カードを差し上げます。

（締切：2023 年 10 月 31 日まで）

応募フォームはこちら

妖怪談 現代実話異録

2023 年 10 月 6 日　初版第一刷発行

編著……………………………………………………………………加藤 一

共著……久田樹生／蛙坂須美／つくね乱蔵／雨宮淳司／渡部正和／高田公太／内藤 駆／神沼三平太／松本エムザ／深澤 夜／服部義史／ねこや堂／正木信太郎／多故くらら／ふうらい牡丹／三雲 央／浦宮キヨ

カバーデザイン……………………………………橋元浩明（sowhat.Inc）

発行人……………………………………………………………………後藤明信

発行所……………………………………………………………株式会社　竹書房

〒 102-0075　東京都千代田区三番町 8-1　三番町東急ビル 6F

email: info@takeshobo.co.jp

http://www.takeshobo.co.jp

印刷・製本………………………………………………中央精版印刷株式会社

■本書掲載の写真、イラスト、記事の無断転載を禁じます。

■落丁・乱丁があった場合は、furyo@takeshobo.co.jp までメールにてお問い合わせください。

■本書は品質保持のため、予告なく変更や訂正を加える場合があります。

■定価はカバーに表示してあります。